学術書の編集者

橘 宗吾
Sogo Tachibana

慶應義塾大学出版会

後藤郁夫さんの思い出に

はじめに

　学術書の出版社は市場の中で本を売ります。つまり、市場に左右される部分があるわけです。他方、学問的真理は、少なくともそれを主張するさなかにおいては、市場からの独立性を保障することが求められます。学術書出版はそのあいだに立って両者を媒介することが基本的な役割ですから、当然のことながら、いろいろ苦労することになります。しかし私は、この苦労はとても大切なことだと思っています。なぜなら、市場は社会の声を（もちろん、そのすべてではないにせよ）反映するものでもあるからです。また、学問的真理の主張も、たとえ自然科学のそれでも、人間の社会から完全に独立したものとは考えにくいところがありますから、これを、アカデミアを通したもう一つの社会の声だと考えるなら、学術書出版は人間社会の二つの声を交わらせ、結びつけることによって、コミュニケーションを推し進め、知識を深めようとするものだと言えるでしょう。そこには必然的に、経済的リスクとは別の、コミュニケーション上のリスクがともなうことになりますが、これは前者のリスク以上に学術書出版が積極的に引き受けるべきものだと考えられます。逆に言えば、それを回避しようとすることから、おかしな考え方が広がったりもします。たしかに、そのリスクにはしばしば摩擦がともない、多くの場合、人は摩擦を避けたくなるものですから、このリスクにともなう摩擦も避けたいと思うのは自然なことなのかもしれません。しかし、その摩擦からこそコミュニケーションは生まれるのだと思います。それゆえ、その摩擦を、全部ではないとしても、引き受けることを、一つの中核に置いて、本書は編集という行為を考えています。

私はこの考え方を、かつて出版した『異文化への視線』（佐々木英昭編 1996）や『異文化理解の倫理にむけて』（稲賀繁美編 2000）における稲賀繁美氏の論考を通して、「ネガティヴ・ケイパビリティ（negative capability）」という言葉とともに学びました。この言葉はイギリスの詩人ジョン・キーツに由来するもので、キーツは「不安、不可思議、疑惑のはざまにあって事実や理性を求めても感知できない状況に耐える能力」と定義していますが、稲賀氏はサルマン・ラシュディ『悪魔の詩』事件をめぐるイスラーム学者・五十嵐一《ひとし》氏（同書の訳者）の思想と行動をたどりつつ、「ネガティヴな事態を引き受けて、その負担を担う能力ないしは覚悟」という五十嵐氏の言葉を引き、それを知識人のあり方として捉え直しています。では、ここで再びそれを引くのはどういうことでしょうか。

――知識には確からしさを追求しようとすればするほどこぼれ落ちてしまうものが生じ、それがどうでもよいものなら何も問題はないわけですが、そこにはしばしば社会にとって、あるいはさまざまな個人にとって貴重なものが含まれています。しかしそれを、正確さを追求する知識に新たに盛り込もうとすれば自ずと緊張が生まれ、摩擦が起こります。というのもそれは、知識に革新をもたらす可能性もありますが、そうではない可能性ももちろんあり、いずれにせよ既成の知識の側からはすぐには正統な知識とは認められませんから、少なくともしばらくのあいだは摩擦が続き、その結果、時として「胡散臭さ」を漂わせることにもなるのです。したがって、そうしたネガティヴなものを誰かが引き受けていく必要があるわけですが、その役割を引き受ける存在を、稲賀氏は五十嵐氏とともに知識人と呼んでいたのです。この「ネガティヴ・ケイパビリティ」という言葉は、濫用すると何でも正当化できてしまう危険な、毒物注意のものでもありますし、また他方で、そうした機能をすべて一身に背負わんとする「ザ・知識人」（たとえばジャン＝ポール・サルトルのような）が存在できる社会にわれわれが生きているとも考えませんが、本書では、そうした機能の一部なりとも担い、いわば「知識人性」を分有するものとして、学術書出版の編集者を捉えています。とはいえ、実際にはあまり立派なことはできませんし、すべて相手のあることゆえ肩をいからせて構えてしまってもいけませんから、むしろ柔軟に事にあたるための、考え方の背骨のようなものとしてご理解ください（だからストレッチは欠かせません）。

その意味で、私は「山人」というカテゴリーの方を好みます。金文京氏によれば、「山人」とは東アジアに伝統的な形象で、本家の中国では、もともと「塵俗を山林の間に避けた隠者の称号」でしたが、商業社会の発展とともに世間に入り、儒と商、士人と民衆のあいだをつなぐ中間的な職業知識人となります。明の時代には出版の担い手にも「〇〇山人」と称する者がいましたし、日本でも、平賀源内が風来山人を名乗ったことはよく知られているでしょう（金 1994）。私が学術書の編集者をこのような意味での「山人」として捉えたいと思うのは、学問をお金に結びつけるのが当然のようになってしまった世の中で、それが人間をあさましくする部分をもっていることを自覚しつつ行うためには、こちらの方がふさわしいと考えるからでもあります。

それはともかく、本書は、こうしたいささか抽象的にわたる議論をしている部分もありますが、すべて自分自身が長らく学術書出版の編集に携わってきた中で実際に出くわしてきた問題を種として、折にふれ考え、話してきたところをまとめたものです。各章は独立して読めるようになっていますから、関心のある部分から（あるいはそこだけでも）読んでいただければ幸いです。具体的には学術書や編集一般から、企画や審査や助成、あるいは出版活動と「地方」との関わり方などについて、なるべく実践的に――といいますか、実際の仕事の中でどのように考えていけば、自分たちの仕事を、変動の過程にあっても比較的筋道立てて進めていけるのか、という視点から――語っているつもりです。ですから、学術書出版の編集に携わっている方々や他の仕事を担っておられる方々、あるいは広く学術書出版に関心をもっていただける方々が、ご自身の位置する組織と状況の中で迷われることがあったとき、その時々に応じて、たとえそのままではなくても、進むべき方向を探る手がかりとして、少しでも役立つことがあればうれしいと思います。もちろん、これが唯一の考え方ではなく、はなはだ未熟なものであることは私自身、重々承知しています。

学術書の編集者　目次

序　章　学術書とは何か

1　悲観せず、楽観せず――出版をめぐる状況から

出版をめぐる状況が厳しいといわれます。「出版不況」を嘆くことが、昨今の出版に関する本や記事の定型句になり、少し前の電子本談義ブームのときには、「出版大崩壊」や「出版の死」を声高に言う者もいて、出版の世界で働く人々のあいだに焦燥感を広げました。

しかしもう冷静に考え行動していく時期でしょう。朝日新聞社デジタル本部の林智彦氏の現状分析によれば、日本全体における、紙の書籍と電子書籍を加えた書籍（林氏はこれを「総合書籍」と呼んでいます）の売り上げは、この数年ほぼ横ばいであり（図0－1）、むしろ今後増える予測すら成り立つといいます。「コンテンツとしての「出版物」に対するニーズは、少なくとも「書籍」に関しては、いささかも衰えてはいない」というのが同氏の判断です（林 2014a, 2014b）。

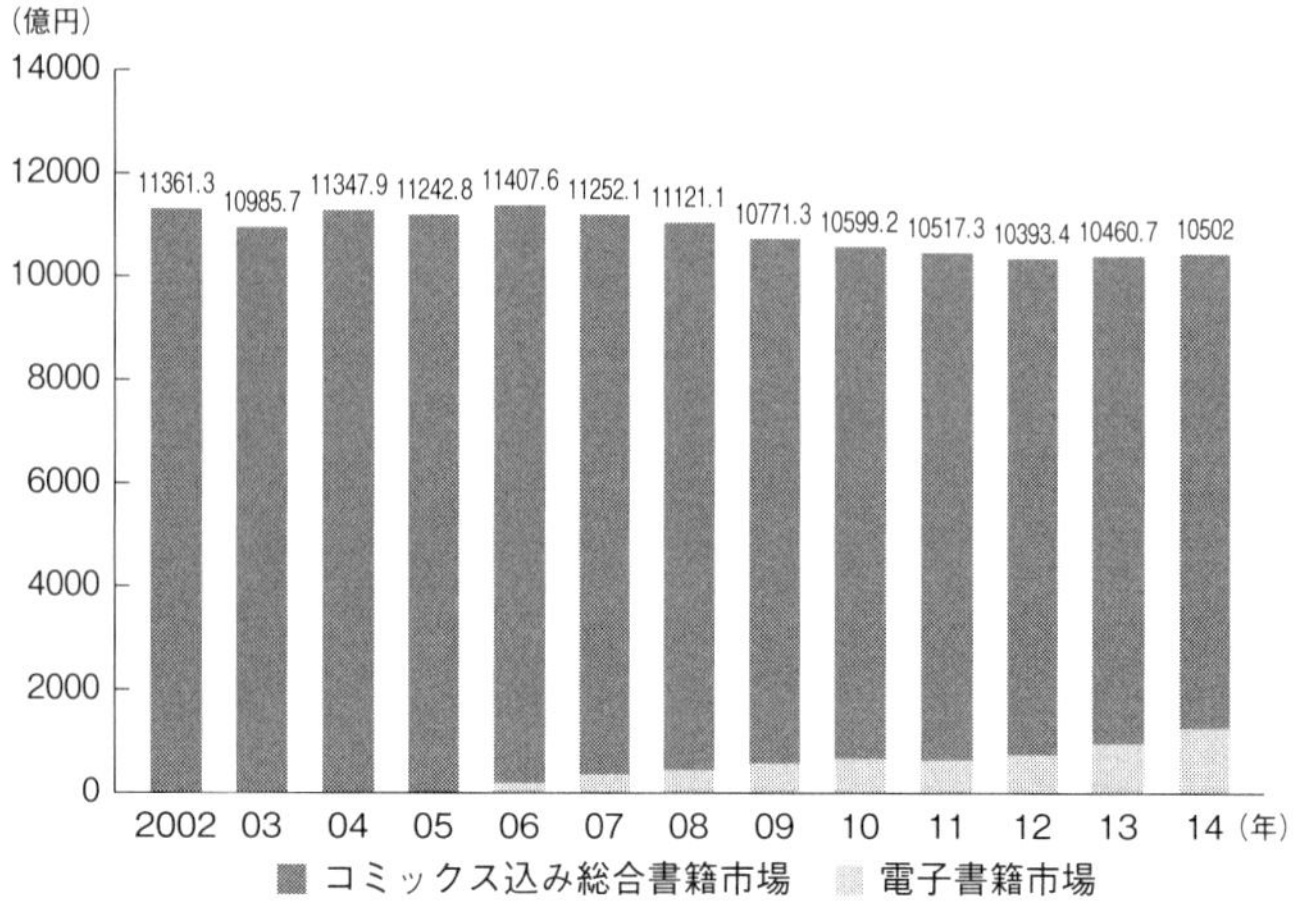

図0－1　日本における「総合書籍」の市場規模

注）林2014bより。ただし、2014年以降の予測値を削除し、2014年の実績値を加えてあります。林氏は、このグラフを『電子書籍ビジネス調査報告書2014』（インプレス総合研究所）をもとに、『2014年版 出版指標年報』（全国出版協会・出版科学研究所）に基づく、雑誌扱いのコミックスの推定値を合算することで作成しており、私が付け加えた2014年の実績値の計算でもその方法に従いました（注18を参照）。林氏の計算法は厳密さを欠いている部分がありますが、傾向を把握するには十分です。

もちろん、同じ現象を、「総合書籍」の売り上げが横ばいの中で、電子書籍のシェアが増えた分、紙の書籍のシェアが減ったと解釈して、紙の書籍の売り上げ減少を嘆くことは自由です。実際、紙の本だけを取り出せばそれは事実であり、それが紙の雑誌・コミックスの大幅な売り上げ減少や、流通の多チャンネル化など他の要因とも合わさって、出版社や取次店や書店を苦しめていることは間違いありません[*3]。しかも、たんに紙の書籍の売り上げが全体として減少しているだけでなく、新刊点数が増えている中で起こっていることですから、それは一点あたりの平均売り上げの減少を意味し、出版社の方は「粗製濫造」（その意味については後述）の傾向をもち、それがさらに取次や書店に負担をかけることにもなっています。また、従来の日本の出版流通は紙の雑誌・コミックスの売り上げに多くを依存してきたため、その減少は流通システムに大きな動揺をもたらしています。

しかし、それでもやはり、紙と電子を合わせた書籍の売り上げが減少しているわけではないと示したことは励ましではないでしょうか。このかん右肩下がりの線ばかり見せられてきた者には解毒剤になるでしょうし、少なくとも書籍の出版社にとっては、ひとまずそう言えるでしょう。ちなみに、林氏によれば、この傾向はアメリカやイギリスでも同様とのことです。

たしかに、日本ではこの先、人口減少の効果が加わってくるので、このかんの国民の平均的な読書量があまり変わっていないとしても（林 2014b）、長期的には国民全体の読書量が減ることは十分予想されます。この点については、出版にだけあてはまる話ではないというのが林氏の意見であり、私もその通りだと思いますが、いずれにしても、国内・国外の日本語読者と翻訳の読者を増やしていくことが重要になります。そうした中で電子の書籍がどれだけシェアを伸ばすのかはわかりませんし、また、どの程度役立つのかも未知数です。電子書籍が「不読率」を下げている、つまり、本を読む人を増やしている、というのが林氏の分析ですが（林 2015）、ここでは、この数年間の傾向を単純に延長して予測と称することは避けたいと思います。[*4]

さて、紙の書籍と電子書籍を加えた「総合書籍」の売り上げはほぼ横ばいであり、むしろ今後（しばらくは）増えるという林氏の現状分析と予測を紹介しました。ただし、林氏が示しているのはマクロな市場規模を見た数字であり、上記の論考では、その内的な構造に分析が及んでいるわけではありません。それゆえ、そこから個々の出版社や、そこで働く編集者が、なにか具体的な行動指針を導き出すのは、なかなか難しいものがあります。

それでも、このかん起こってきたことが、「紙から電子へ」ではなく「紙から、紙プラス電子へ」であることはわかり、さらなる未来を「先取りする」と前のめりに主張するならいざ知らず、とうめん「紙プラス電子」という構成は変わらないと考えられます。

ですから、これまで紙本のみを扱ってきた出版社は、紙の中で生きようとするか、紙と電子の二本立てで生きていこうとするか、あるいは電子のみで生きていくか、選択肢があることになります。

今よりは減少するであろう紙の中で生きていくこともまったく不可能ではないでしょうし、実際、中小零細企業の多い日本の出版の世界では、単独では電子書籍を事業として成り立たせていくのが難しい会社も多いかもしれません。書籍の電子化自体は、それほど難しいものではありませんが、それ以外に、東京大学出版会の橋元博樹氏が述べているように、「マーケティング、著作権管理システム、経理システムなどにかかわるインフラ」が必要になるからです。そのため、中小零細がそれに取り組もうとすれば、出版社が協同する仕組み[*5]を広げていくことが一つの有力な選択肢になると考えられます（橋元 2015）。

ここで急いで付け加えておきますと、日本の書籍が全体として電子化の取り組みに「遅れて」いるわけではありません。専修大学の植村八潮氏によれば、国際的に見た場合、アメリカと並んで

（アメリカと同様の方向性で見て）最も「進んで」いる方だといいます（植村 2013b）。技術を受けとめる社会はゆっくりとしか変化しませんから、それも当然でしょう。ですから、焦る必要はありませんし、あわてさせようとする言葉には注意する必要があります。特に、安易に「死」を口にするような恫喝のレトリックに乗せられても、恫喝する者が得をするだけです。

それにつけても考えるべきは、上でふれたように、「総合書籍」の売り上げがほぼ横ばいだとしても、それは新刊点数の増加、したがって一点あたりの平均売り上げが減少した中で生じているということです。この点を、より長期的な視野から、時期を遡って、図0－2によって確認しておきましょう（この図は、「（第二次）電子書籍元年」といわれた二〇一〇年より前の時期を扱っており、紙の書籍を対象としています。また、上に掲げた図0－1と同様に『出版指標年報』の数字を用いていますが、『出版年鑑』の数字を用いても傾向は同じです。さらに、新刊一点あたりの平均実売部数については数字を得られなかったため、代わりに「実売総部数／新刊点数」によって、近似的な傾向を捉えています。なお、図には示していませんが、実売金額の動きも実売総部数の動きとほぼ同様です）。

この図からは、人口の増大と平行してなだらかに増加していた新刊点数が、一九九一年ごろを境に傾きが急になり増加率を大きくしたのが見てとれます。それとともに、その少し前から（『出版年鑑』の数字ではほぼ同時に）下がりはじめていた「実売総部数／新刊点数」の数値がこの時期に大きく下がり、二〇〇三年くらいまで減りつづけていることがわかるでしょう。新刊点数の方は、その後も二〇〇〇年代前半は（人口増大がほぼ止まっているにもかかわらず）なお増えつづけます。こ

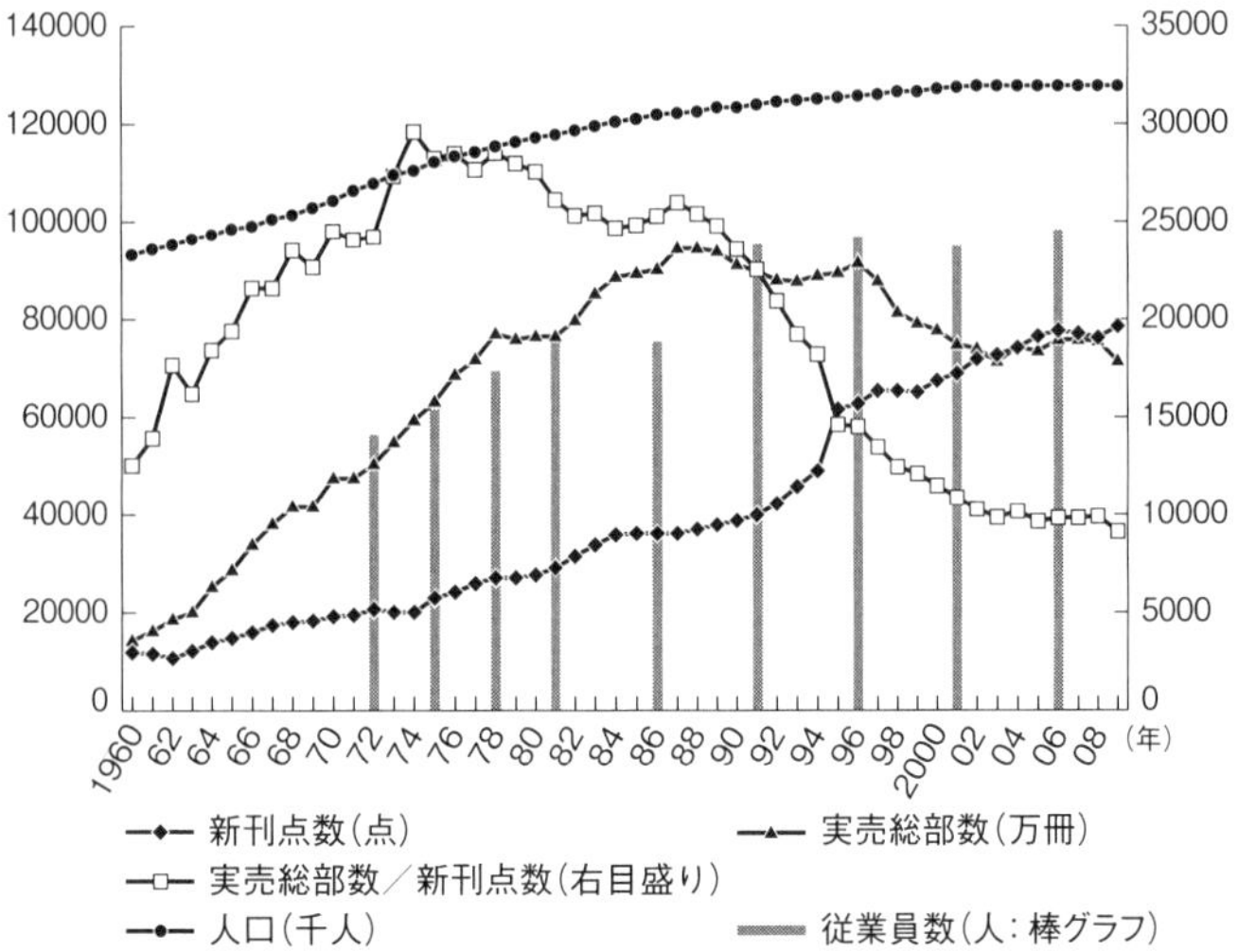

図0-2　日本における紙の書籍の新刊点数、実売総部数、その比、および人口、出版従業員数

注）筆者作成。紙の書籍の新刊点数と実売総部数は『2010年版 出版指標年報』に、人口と出版従業員数は総務省『日本の長期統計系列』第2章「人口・世帯」と第6章「企業活動」に基づいています。実売総部数は「取次出荷部数－小売店から取次への返品部数」のことであり、直販などの数値は含まれていません。また、上記の出所に従業員数が掲げられているのは図中の年次のみです。

のかん、実売総部数は、売り上げがピークを迎えたとされる一九九七年の前年に一つの頂点（『出版年鑑』の数字では最高到達点）を記した後、二〇〇三年まで下降しますが、以後はやや持ち直し、それもあって、「実売総部数／新刊点数」の数値は二〇〇三年くらいから、低い状態（最高時の約三分の一）で横ばいを続けることになります。なお、出版業で働く「従業員」の数は、一九九一年ごろまで増加した後、新刊点数が増大したにもかかわらず、ほぼ一定です。

こうした動向についての詳しい要因分析は歴史家に委ねたい

と思いますが、一九八〇年代半ばから、組版・印刷プロセスでの電子化を含む技術革新が広がり（電算写植とオフセット印刷の本格的な普及）、ワープロ・パソコンの登場を経て、執筆・編集・制作過程での電子化が進んでいくことが、新刊点数増大の技術的な基礎となり、従業員数の増加とあわせて、供給側の大きな促進要因となったことは間違いないでしょう。ところが、一九九〇年代に入るまではそれが或る程度需要に見合っていたものが（「実売総部数／新刊点数」の数値が横ばい）[*6]、それ以降は「過剰」供給となったと考えられます（ここで「過剰」というのは「実売総部数／新刊点数」の減少によって示されるものですが、直感的には、新刊一点あたりの平均実売部数の減少と考えてよいでしょう）。よくいわれるように、一九九〇年代前半はバブル崩壊の時期にあたりますから、資金繰りの悪化した出版社がそれを新刊点数の増大によって乗り切ろうとしたのかもしれません。ただし、一九九六年までは実売総部数が増加し（売り上げは一九九七年まで増加し）つづけますから、それが「過剰」供給を隠す効果をもったと言えるでしょう。いずれにしても、上記の技術革新のかなりの部分が新刊点数増大という量的拡大によって吸収されてしまったことと、一点あたりの実売部数の減少が一九九〇年代後半以降のインターネット普及以前に生じていることが重要です。後者については、その後、インターネットの普及が一点あたり実売部数減少傾向に拍車をかけたと考えられますが、それにすべての原因を帰すことはできないということです。また、前者については、一般に産業、少なくとも企業の発展は量的拡大とイコールではなく、質的な発展を進める可能性をもっていた／もっているということを強調しておきたいと思います。

この最後の点についてよく考えるために、一点あたり実売部数の減少傾向についてさらに検討するなら、そこには、国民全体の読書量が大きくは減らない中で、(A)新刊点数を増やしたから、一点あたり平均実売部数が減少した、という機制と、(B)一点あたり平均実売部数が減少したから、新刊点数を増やすことにした、という機制との、両方が働いていると考えられます。一般には、Bの方が強調されますが、[*7]私はAの方も無視するべきではないと考えています(実際には、両方の機制がフィードバックする形で作用していると捉えるべきでしょう)。Aの機制を含めて考えることによって、個々の出版社ごとにはそれなりに合理的な、新刊点数を増やすという行為に、日本全体としては、一点あたり実売部数の減少傾向を生み出す契機がひそんでいることが理解できるからです(経済学でいう「合成の誤謬」です)。このとき、前述のように、新刊点数を増やすことを技術的に可能にしたのは、書籍(や雑誌)の執筆過程や製作過程などのコンピュータ化が進んで大きく生産効率が上がったことによりますが、しかし、それに応じて(増えた新刊点数の分だけ)、優れた原稿が増えたとは考えにくいため、どうしても平均的な質の低下ないし「粗製濫造」の傾向が生じた/生じているはずです。[*8]したがって、この傾向を少しずつでも逆転させていくことが必要であり、もともとAの機制が存在したからにはそれが原理的に不可能ということはなく、私はそこに編集者のがんばりを期待したいと思っています。

こう言いますと、もう十分がんばって疲れ果てているではないか、という声が聞こえてきそうです。私も、がんばりだけに頼る根性主義を唱えたいわけではありません。しかし、個々の出版社として見た場合でも、質の低い書籍は多くの場合、利益を生まず、しかも出版する意義の小さいものですから、たんに編集者（や他のスタッフ、さらには出版業界全体）[*9]を疲弊させるだけです。むしろ、意義のある書籍（お行儀のいい「良書」という意味ではありません）[*10]だけを読者に向けて丁寧につくりあげようとすることで、実際の利益も少しずつ大きくなり、そうすることでますますその余地が広がっていくはずです。それが出版社の本来あるべき姿でしょう。たんに出版の機会を増やすのではなく、いい本だけが出版される機会をつくるのです。それが出版社にとっての「善」（goods＝財）です。[*11]もちろん、「いい本」があらかじめ決まっているわけではありません。しかし、そうなる素材を見極め、そうなるように働きかけていくのが編集者の仕事であり、そこでのリスクは避けられません。もしそのリスクを担保するために、「数を打てばあたる」戦略を余儀なくされるところでも、質の高い本に手間ヒマをかけていく方向に、もっとバランスを移動させることはできるはずです。その際、ポイントは、売り上げ金額ではなく、利益に注目することです。[*12]それはまた、大きく見れば、製作過程のコンピュータ化によって効率が上がったはずの分を、たとえそのすべてではないにしても、新刊点数の増加にではなく、質の向上へと振り向けなおすということでもあります。つまり、量的拡大に振り向けられていた資源を質的発展へと転換するということです。そうすることで、根性主義に陥らずに、「粗製濫造」の傾向に対して逆方向ないしは別方向の力を働かせることができると考えます。同じ量の力を使うのなら、「つまらない」本のために消耗するより、よほどいいのではないでしょうか。[*13]

そうは言っても、一点あたりの平均売り上げの減少は、新刊点数の増加によってのみもたらされたわけではないでしょう（だとすれば、上記の考え方だけでは限界があるはずです）。少なくとも近年の背景には、「情報氾濫」とも「情報爆発」とも呼ばれるデジタル化による情報量の巨大化と、それにともなう、本に書かれた知識を情報と見なす意識的・無意識的な態度の浸透とがあるでしょう。前者について上記の林氏は、別の論考で、ウェブによって「情報それ自体と、情報と情報をつなぐためのメタ情報が、幾何級数的に日々激増し、価値のある情報も、無価値な情報も、渾然一体となって社会を情報の濁流に飲み込んでいる」「情報爆発の中では、かつて伝統メディアが伝達を担っていた価値ある情報（情報財＝ここでは、コンテンツ）の価値が、相対的に下落する。これは二つの経路で起きる。一つは、情報財——特に無料の——が、膨大な単位で入手可能になることで、情報財一つあたりの潜在需要が低下することで起きる。これはモノの需要不足による価格低下と同じロジックである」と述べています[*14]（林 2016b）。

「無料」というのは実は違うはずですが[*15]、それはともかく、たしかに、こうした機制が働いて、書籍の一点あたり平均売り上げ部数や売り上げ金額の減少を引き起こしている部分があるように思います。数量的に示すことは困難ですが、多くの人の直観に合致していることは間違いないでしょう。

では、どうすればいいのでしょうか。林氏は上の引用の少し前の部分で「ネットの世界では、モノ（対象）というよりは、それらに対する人間の関心（アテンション）の方が稀少にな」り、かえって「認知コストが上がっている」としています。また、後の部分では、「書籍というのは、時間をかけてじっくり経験してもらわないと価値がわかってもらえないという特性を持っている。これを経済学の言葉で、「経験財」と呼ぶ。一般には、音楽や映画も、同じ「経験財」とされるが、筆者は、書籍の方が価値がわかりにくい、という意味で、「経験財」よりさらに価値の不明な「信頼財」に近い本もあると思っている（たとえば、若い頃に他人の勧めで買い求めて、当時は意味もわからず読んだが、歳をとってから振り返るとその内容が役に立っていた、という経験をすることは少なくない。このような場合、その本は「信頼財」だと考えられる）」と述べています。

大事な点なので引用が長くなりましたが、私は、ここから言えることは、ウェブが浸透した世界では「価値がある（その可能性が高い）と認知される」財はますます貴重になり、需要が高まる、ということだと思います。[*16] そして、書籍に対するそうした認知には「情報」に加えて「信頼」が重要であり、かつ、書籍の経験は即時的な情報に還元されるものではない、ということではないでしょうか。

経験財は、探索財とも対比して使われる概念で、探索財の方は、たとえば電気製品の機能をあれこれ比較してから購入する場合のように、事前に自分のニーズにあっているかどうかを検討できるものです。しかし経験財の方は、林氏の説明のように、その良し悪しは事前にはわかりません。[*17] これを補うのが、それを実際に経験した者（批評家やユーザー）の評価で、ネットの世界はいまやこうした評価であふれかえっていますから、そうした「情報」が或る程度、経験を先取りし代替することになっています。しかし、そうした評価においても、たとえば推理小説の種明かしが、その小説を読む経験を代替できないように、情報が経験そのものを代替できるわけではありません。特に書籍のように、どのように読むか、さらにそれがどのように活きてくるか／こないかが、読者それぞれに依存するものにおいては、なおさらですし、人によっては、或る書物を読む経験が人生の転機ともなるように、「情報を処理する」はずの安定した自己の変容をすらもたらすのですから。

この事前の経験の不可能性を補うもう一つの方法が信頼性ということになりますが、それを著者とともに出版社が担うことが期待されるというのが、ここで言いたいことです。もちろん、この信頼性の方も、経験者の評価にさらされるわけですが、少なくとも当面の視野の範囲での評価が及ばない部分があり（「当時は意味もわからず読んだが、歳をとってから振り返るとその内容が役に立っていた」）、信頼性の役割は書籍にとって核心的なものだと考えられます（だから信頼財だと言えるのです）。

だとすれば、林氏が述べているようなネットの世界で個々の著者や作品の認知を高める努力はもちろん重要だとしても、（慧眼な林氏は、あまりにも自明のことゆえ省略されたのでしょうが）根本のところで、「粗製濫造」を戒めて書籍の質を上げ、そうした質の高い本だけを出版しているということで出版社の信頼性を高めブランド力としていくことは、依然として有効な戦略たりうる、というよりも、その背骨でなければならないでしょう。

2　情報か、知識か——学術書をめぐる現状から

では、学術書についてはどうでしょうか。「学術書」については定義もさまざまであることから、日本全体の売り上げ数値を統計的に抽出することは難しいのですが、上記の橋元氏のいきとどいた論考によれば、紙の本の世界では、学術書を出版統計上の「専門書」と見なした場合、紙の書籍全体に占めるシェアがほぼ一定であるという調査があることから、紙の出版物（書籍と雑誌）全体が減少傾向にある中では当然、紙の学術書全体も同様に減少していることになるといいます（橋元 2015）。

このように紙の学術書の売り上げが減少しているとして、しかしこれに、電子化された学術書の売り上げを加えてみなければ、学術書全体の売り上げの傾向はわからないことになります。けれども、「学術書における電子書籍市場の定量的データは把握できないし、まだ市場が立ち上がっているとも言ええ」ません[*18]（橋元 2015）。

すなわち学術書は、現在イメージされる一般的な「電子書籍」という意味では[*19]、コミックスはもちろん、他の書籍と比べても電子化があまり進んでおらず、その売り上げの傾向は、紙の書籍一般と同様に減少傾向にあり、それを補うものが現時点ではほとんどありません。それゆえ、学術書の「電子書籍」化が期待されるということになるわけです。もちろん、全体の構成を見たときには、

紙に加えて電子を（つまり、紙プラス電子）という意味です。

しかし、事はそう単純ではありません。まずそこには、日本の学術書出版社には中小零細企業が多いため（逆に言えば、そうした企業が、取次や書店とともに、これまで学術書を支えてきたわけです）、前節で述べたようなインフラの問題がありますが、それに加えて、それが、たんに学術書の売り上げの問題ではなく、学術コミュニケーション上の大きな変化を背景とする問題だということがあります。それゆえ、けっしてやみくもに電子化すればよいということにはならないのです。

この点に関して、京都大学学術出版会の鈴木哲也氏と桃夭舎の高瀬桃子氏は『学術書を書く』（2015）において、「学術書の相対化」が進んできたという見方を示しています。それは、「四半世紀前までは、印刷媒体としての紀要類や学術雑誌、学術書しか発表の手段がなかったものが、今は、インターネット上のさまざまなメディア――学術情報リポジトリ（大学や研究機関が、自らの組織における教育・研究活動から生み出された学術的な成果を、デジタル形式で保存・公開するシステム）や研究者個人のウェブサイト等――を用いて直接情報を発信することも含めて、非常に多彩な手段」が生まれ、「「形あるものとしての書物」以外のさまざまなメディアが、学術コミュニケーションを担うようになっ」たことによるとされます。そしてその結果、「電子化、オンライン化によって、学術メディアの「読者」が見えにくくなる。同時に知識が「情報」に置き換えられることで、必要に応じて持ち歩きすればよいもののようになっていく」と述べています。

そこで考えたいのは、この学術コミュニケーション上の問題です。これは基本的には、前節で述べた「情報爆発」が学術分野で生じたものと考えられます。ですから、それに対応する方法も基本的には同じはずです。が、あわてずに、もう少し丁寧に見ていきましょう。

よく知られているように、学術出版の世界では、雑誌の電子化が先行し、こちらの方はすでに劇的と言ってよいほどの展開を見せています。（それはそれで価格の高騰など、別の大きな問題を引き起こしていることはよく知られているでしょうが、今は立ち入りません。[*20]）

その動きは、自然科学系の雑誌で先行し、その領域ではもはや電子ジャーナルではない学術雑誌を探す方が困難だとされ、電子ジャーナルは「日用品」となっていると言えます。[*21] それには、自然科学における学術コミュニケーションがすでに学術雑誌主体になっていたことが大きいですが、こうしたジャーナルを主とする（したがって電子ジャーナルを主とする）自然科学系の学問モデルの規範化が学術の世界全体で進み、それによって生じたのが、後述する、論文概念の無差別化・一般化[*22]と論文中心主義の全域化であり、書籍の軽視です。

そこでは書籍は、こうした論文の束か、長めの論文だと見なされ、もしそうでないとしても、論文で書かれた内容を希釈した二次的な文章が掲載されるものと見なされる傾向が生まれます。そして、論文がすべてそのまま電子化されるならば、紙の学術書にはもはや用がないか、二次的なものにすぎないと見なされる傾向が強まるわけです。

しかし、それは違う、というのが本書の考えです。そしてそこには、学術書を通して実現されてきた、社会（学術の世界を含む）とのコミュニケーションについての無理解ないしは誤解があると考えています。

鈴木氏らが言うように、上記のような動きと並行して、学術成果を「情報」として捉える態度が浸透していくわけですが、それには、「学術書に比べて、速報性、あるいは内容の独立性を特徴とするジャーナルで発表される論文は、もともと一つ一つ切り分けて考えやすい性質を持ってい」ることが与っています。その上に、デジタル化による「情報爆発」が引き起こされたことで、「学術書の相対化」がもたらされているわけです。

「問題は」佐藤文隆・京都大学名誉教授が言うように、「こうした［学術成果を情報として捉える］考え方が、一つの体系として歴史の中で組み上げられてきた「知識」を、単に個別に切り分けられたものとして見なしてしまうような雰囲気を醸し出したことではないか」。だが、「「知識の習得」という言葉があるように、知識とは、身体性とも結びついた、研究者が身につけるべき事柄というニュアンスを持」つものではないのか（鈴木／高瀬 2015）。

ここには、情報概念による知識の断片化と、それとは異なる、知識の体系性・全体性や身体性が指摘されています。知識に情報としての側面があることを否定するつもりはありませんが、知識には、それを身につけようとすることによってその体系性・全体性に触れ、その全体を隅々まで知らないままにそれを経験するという側面もあるでしょう。いや、むしろ知らないまま経験するがゆえにこそ全体性を志向し探究するのであり、*23 そこに体系的一貫性からのズレや歪み、あるいは穴や盲点などが見出されることで、未開拓の領野が認識され、新たな探究によって知識が生み出され、体系が組み替えられていく、というプロセスを動かす力もはたらくのではないでしょうか。

これは、前節で述べた言葉で言えば、知識が「経験財」としての性質をもつということであり、さらには、独特の仕方で「信頼財」としての性質をもつということになるでしょう。そして、こうした意味での知識を支えてきたのが、体系的なものとしての書籍であり、それを見失ってはならないというのが、ここで言いたいことです。

もちろん、体系的といっても現代の学術書のもつ体系性は部分的なものであり、また原理的にいって不完全なものです。しかし、それでもやはり一つの書物として「世界」を表象するという性質を歴史的に引き継いできているのであり、それが知識の全体性に触れる経験をもたらすのだと考えられます。

明治学院大学の長谷川一氏は、その卓越した『出版と知のメディア論』(2003)において、上で述べたような「知識」を「作品」としての知」という概念で捉え、それが「冊子体という物質的支持媒体に根拠をおいて」いることを指摘した上で、「書物は普遍的全体から個別的専門世界の自己完結したミクロコスモスへと戦線を縮小しながら、相対的には知の全体性の換喩として」存在してきた、と指摘しています。だとすれば、知識の経験とは、書籍という「作品」の経験によってもたらされるものであったとも言えるでしょう。

この考えをさらに援用して、いささか図式的に言えば、主として人文学・社会科学系の「論文」とは、短めの書籍であるか、あるいはそうした書籍を予期したその先行的な一部分であって、それゆえ「作品」性を分有しているのに対して、昨今の、主として自然科学系の「論文」はそもそもそうした「作品」性をもっていないか、それをきわめて希薄化させたものだと言えるでしょう[*24]（このことは、前者において、のちに実際に出来上がった書籍の構想があらかじめ明確に抱かれていたか否かということとは別問題です）。そして、前者の意味での「論文」をもって、書籍を長めの論文か、論文の束だと見なすことはまだゆるされるとしても、後者の意味での「論文」をもって書籍をそう見なすことはできないのです。しかし、「論文」という概念の無差別化・一般化によって、この決定的な違いが見過ごされ、書籍概念の動揺と書籍の軽視につながっているわけです。

長谷川氏はまた、「作品」としての知は、冊子体という物質的媒介基盤とともに、それを統御する「作者」という概念とも不可分であったとしています。それは、当然の系として「読者」という概念とも不可分だということでしょう。そして、「作品」としての知が情報化によって希薄化するとき、作者が見失われ、読者もまた見失われます。誤解をおそれずに言えば、情報には作者は存在せず、読者もまた存在しません[*25]。

上記の鈴木氏らも、書物の担ってきた「知識」の情報化が、学術メディアにおける「読者の消失」と手を携えて進んだと指摘していました。そうだとすれば、知識、あるいは「作品」としての知を再活性化することはまた、（作者とともに）読者を再創造するということでもあるでしょう。

ただし、ここで「昔はよかった」式の議論をしたいわけではありません。そうではなく、これまでの中で、よい機能がある以上、それを実現していたものを解明し、それをこれからの仕組みの中にも活かしていけるようにしたいのです。

ですから私は、学術書が紙（冊子体）に加えて、電子化[*26]されることに反対しているわけではありません。むしろそれは、学術書の出版を成り立たせていく上での、一つの可能性でもあるのでした（また同様に、情報概念を否定しているわけでもありません。知識を情報に還元しつくせないという、ごくあたりまえのことを言っているだけです）。しかし、もし紙（冊子体）を捨ててしまえば、長期的には、現在あるような紙の書籍の「電子版」に事態がとどまるとは考えにくいため[*27]、その場合にはなおさら、たんなる情報としての論文（の束）ではないということはもちろん、知識を担う経験財・信頼財であるということがしっかりと保持されていかねばならない、と言いたいのです。それはほんとうに可能なのか。そのために考えるべきことはいろいろあるでしょうが、書籍の信頼性について言うなら、上述したところからも理解されるように、それにはジャーナル論文における情報としての信頼性とはおのずと異なる部分があり、ジャーナル論文におけるような事前の査読による信頼性の担保[*28]に限定されるものではないということが認識されなければなりません。それは知識の全体性ないしは普遍性の感覚にねざし、現在および未来の（いや、過去もと言うべきでしょう）読者に向けて働きかけようとすることで育まれるものだと考えられるからです。

これに関連して、学術成果の研究機関による電子的公開について、ある要件（たとえば当該大学に在職している、当該大学で授業として行われている、など）を満たしていれば、無差別に社会へと公開してしまうといった方式が議論される場合があり、実際にもそうした形でいくつかの試みがなされていますが、その核心にある考え方も「情報」でしょう（それぞれに理由のあることでもあり、個々の試みの直接的な批判が目的ではないので、具体名をあげることは控えますが）。そこには知識の全体性への顧慮はなく、誰も広い読者のことを考えつつ読んで編集してはいないものを、つまり、そういう意識をもった人間の目をくぐらせないままに、社会へと公開してしまう行為となっており、この点で疑問を抱かざるをえません。少なくともそこに欠けているのは読むということであり、それを通じて選ぶということであり、さらにそれを通じて編むということです。ひとことで言えば、そこに欠けているのは、「作品」性であり、人間の知と身体を賭した信頼性の提供です。

学術書とは何か、というお題を掲げながら、ここまで、その周りをめぐる話に終始してしまったかもしれません。それは昨今の状況がそうさせたのですが、最後に、もう少し学術書の具体的な姿にふれた上で、上述した点をパラフレーズしておきましょう。現在、学術書の出版社が実際に出版しているものとしては、研究書・教科書・教養書（啓蒙書）があげられることが多く、上記の橋元氏もそれを踏襲しています。そして、それぞれが「大学における研究成果の公表」「学部・大学院レベルの学生・院生の教育への寄与」「研究成果を嚙み砕いて社会一般に知らしめること」という社会的役割を担っているとし、学術書出版というのは、これら「三つの形態の出版活動の総称」だと述べられています（橋元 2015）。おおむね異存はなく、特に教科書についてはそうなのですが、こうした捉え方ではしばしば、啓蒙書ないし教養書を専門家から市民へと向けられたものとするのに対比させて、研究書は専門家のあいだでのみ流通するものと見なされがちです（誤解のないように言えば、橋元氏がそうしているというのではありません）。しかし、私はその点にしっくりこないものを感じます。というのも学術書（ここでは研究書）は、学術論文（ジャーナル論文）と同様に、それぞれのディシプリンをふまえ、根拠を明示しつつ独創的な論を立てるものですが、上述のように、学術論文とは違って、一冊全体として体系性ないし「世界」をもつことを強く志向し、より広い読者へと開かれたものであるべきだからです。特に学術論文がひとくくりに情報と見なされている状況にあってはなおさらです。たしかに一般書ないし教養書ではありませんから、その読者の範囲は限られています。しかし、その範囲は、そのテーマの学術論文の読者の範囲とほぼ重なるコアな専門家に限定されているものから、上記の鈴木氏らの言うように、そうしたコアな専門家の範囲より「二回り、三回り」広い読者をめざして書かれていることが望ましい書物まで、の幅があります。[*29]そして、その読者の範囲をどのようにするのがよいかを見極めて、実際にそのようなものに仕上げることは非常に重要な仕事です。

ここで、「二回り、三回り」の広さの範囲について説明しておくなら、「隣接・近接」領域の研究者や、そのテーマに知的関心をもつ、研究者以外の読者などが含まれることになります。そうした読者は、たとえ研究者ではなくても、まったくの「素人」とも言い難く、程度の差はあれ「部分的な専門家（逆に言えば部分的な素人）」です。たしかに、上で述べたようにコアの専門家は間違いなく存在するので、その意味で、彼らを専門家と呼び、それ以外の人々を非専門家ないし素人と呼ぶことは正しい場合もあります。しかし、この単純な二分法はしばしば認識障害をもたらし、事態を歪めてあらわすことに注意が必要です。研究書としての学術書を考える場合にもそれは起こりがちですが、それを避け、コアの専門家に加えて、部分的な専門家を読者として考えていくことが妥当なのです。

そしてその読者の範囲や「隣接・近接」の領域はあらかじめ決まっているわけではありません。その本がつくり出すものです。つまり、どの範囲の読者に開かれているべき本なのかを考えつつ、その範囲がコアの専門家の範囲を超えている場合には、そこに新たな読者を見出して、いわばディシプリンを超えた領域複合をもたらしていくことも、学術書の大きな役割なのです。ではそれをいかにして促していくのか。それが、本書全体を通じて述べる学術書の編集です。[*30]

第1章　編集とは何か——挑発＝媒介と専門知の協同化

はじめに

現在、グローバル化の進展、またそれと連動したデジタル・ネットワーク化の進展によって、出版はもちろん、大学の方も変動過程にあります。ご承知のように、出版は大学の知と並行して発展してきた部分がありまして、大学出版は、大学がそうした出版を自らの中に取りこもうとしたものだと言えますが、実質的には、両者が交わるところに存在すると考えられます。ですから大学出版、広く言えば学術出版は、出版と大学の両方の変動の直接的な影響を受ける、といいますか、両方の当事者ということになります。

私は、大学自体も一種のメディアとして捉えられると思っていますが、それをせんだって、東京大学の吉見俊哉先生が『大学とは何か』（2011）という本で書いておられました。そこでの表現を使わせていただきますと、「知を媒介する集合的実践が構造化された場」として大学を捉えるということです。この言葉は出版にもそのままあてはまります。そして、こうした場としての大学や出版が、グローバル化とデジタル・ネットワーク化によって、新たな構造へと再編されていく際に、その新たな構造の中でも継承し発展させていくべき価値や機能、またそれを実現するための実践とは何か、を考えることを、自分自身の一つの長期的な課題としています。

ですから、今回の話も、遠い目標としてはこの課題を念頭に置いています。しかし、こんな大きな課題について、すぐに答えられるわけではありませんので、それを考えるための手がかりを、自分の大学出版での経験をふまえて、話してみたいと思います。——まァ、目標さえはっきりさせておけば、話が脱線だらけになっても、多少の言い訳になるのではないかという下心もあって、こんなことを言っているわけです。

1　編集の役割（1）——たて・とり・つくり

さて、その糸口として、まずは、自分自身が長らく携わってまいりました編集の働きについて考えてみます。

皆さんはそうではないかもしれませんが、一般に、編集の働きについては実はその言葉ほどよく知られていないように思います。実際、もともとその仕事は多様でしたし、それがデジタル・ネットワーク化によってさらに変化しているわけです。しかし、編集の働きの中で何が重要で、何を今後も継承・発展させていくべきか、を考えるのが「遠い目標」ですから、ここでは紙の書籍の編集過程に即して、「古典的な」パターンを見ていきたいと思います。

紙の書籍の場合、書かれた言葉が紙に印刷・製本され、モノとしての書物が流通経路を通って読者に届き、読まれることになります。ご承知のように、このうち、印刷・製本の部分は、印刷所や製本所で行われていまして、出版社にとっては外注する部分になります。出版社の主な役割は、むしろその前と後の部分、つまり、著者（書き手）に文章を書いてもらって印刷できる状態まで整えることと、書物の形になったものを流通させていくことにありまして、普通はそれぞれ編集部門と販売部門が担っています。

今は編集のことを話していますので、前の部分に注目しますと、それはさらに「たて」「とり」「つくり」に大きく分けることができます。出版企画を立てる、原稿を取る、書物を作る、の三つです。これを企画化・原稿化・書物化と呼ぶこともできます。出版社によって、また出版物の性質によって、この三つの要素のうち、どこにどの程度ウェイトを置くかは変わってきますが、出版社の編集全体としては必ずこの三つの要素を含んでいるはずです。

ちなみにこの捉え方を、私はずっと出版業界に受け継がれてきた一般的なものだと思っていましたが（渡辺 1996）、実は、東京大学出版会の創設メンバーの石井和夫さんが考えられたカテゴリーとのことです。これは、近年出版された一橋大学の佐藤郁哉先生たちの『本を生みだす力——学術出版の組織アイデンティティ』(2011)という本の中でも紹介されており、編集の仕事を非常によく捉えていると思います。

さて、この三つの要素のうち、特に強調しておきたいのは「たて」と「とり」、つまり企画化と原稿化のプロセスです。[*1] ここであえて、「たて」だけと言わなかったのは、これが循環するプロセスだからです。編集者は著者に、或る構想のもとで本を書くよう依頼するとともに、実際に書くことを促し、書かれたものを読み、読んだ結果をまた著者にフィードバックして改善を求め、そうして企画＝原稿をよりよいものにしながら実現していくわけです。

この循環するプロセスの役割は、著者に対する側面と読者に対する側面に分けて考えることができます。まず著者に対する役割としては、著者を何らかの形で触発して本を書こうと思ってもらうわけですが、学術書の場合、このとき最も大切なのは、「学問のディシプリンを大切にしつつ、それを超え出る」よう促すということです(元東京大学出版会の竹中英俊さんの表現。私の出版の師匠で名古屋大学出版会の基礎をつくった後藤郁夫さんは、これを「挑発する」と呼んでいました。つまり、はじめに「挑発」ありきというわけですが、これについてはまた後でご説明します)。しかし、著者がいったん執筆するつもりになっても実際にはなかなか原稿を書いてくれないことはご承知の通りです。まァ、たんに怠けている場合もあるでしょうが、好意的に解釈しますと、これは原稿化の過程が、研究の「体系化」の過程でもあるために、時間がかかるわけです。ですから、粘り強く「待つ」。

といってもボンヤリしているわけではなくて、タイミングを見計らって連絡をとり、時々会って四方山話から本のプランの相談まででします。このとき一番大事なのは、その著者の研究が最高の形で完成したものを読みたいと、そういう気持ちを伝えつづけることです。そしてようやく著者が原稿を書いてくれれば、次にそれを「読む」ことになります。もちろん、そもそも著者の方から出版企画の提案があったり、書かれた原稿について相談を受けることもあります。しかしどの場合でも、最初に書かれた原稿がそのままでOKということはめったになくて、いわゆるボツになるケースも含めて、編集者が読んで感じ考えたところを何らかの形で著者に差し戻すことになります。さらに、他の研究者の意見を聴くこともありますから、その場合には自分で読んだところと突き合わせた上で著者にフィードバックします。ここにも一種の「挑発」があると考えますと、ここからもう一度、「挑発する〜待つ〜読む」というサイクルが始まることになります。そして原稿が最終的に「よし」と思えるところまできたら、初めて「つくり」つまり書物化の段階に進んでいくわけです。「たて」と「とり」のプロセスには、時間がかかる場合も多くて、大きな学術書ですと、十年以上かかることもあります。編集者はそのかん、つねに数十から一〇〇以上の出版企画を抱えながら、その著者や企画とつき合いつづけることになるわけです。

では、この循環的なプロセスが、今度は読者に対してどんな役割をするのか、ということですが、それは、読者に対して問題を提起したり深めたりしながら、つくり出される本の質（クオリティ）を一定程度保証する役割を果たすことになります。そもそも学術書の場合、何の問題提起も解決もないような本を企画しても意味がないわけですし、また、一定程度のクオリティの保証は学術書出版社にとってきわめて重要な役割だということは明らかです。これを「知のゲートキーパー」ないしは「信頼性の保証」、さらに進んで「信頼性の付与」と呼んでいる人もいます（佐藤ほか 2011、植村 2010a）。

ただし、注意しておかねばならないのは、これはあくまで「一定程度の」保証にすぎないということです。昨今、学術論文にせよ学術書にせよ、出版前の査読が強調されますが、こうした出版前の査読を完全なものである（あるいは、そうでありうる）かのように考えるのは大きな間違いだと思います。査読といっても、完全に研究テーマを同じくする専門家が査読するとは限らず、そうした専門家が査読する場合でも或る程度のバイアスは避けられません。そして、特に書物の場合には、すぐ後で申しますように、読者が狭義の専門家に限られないことも多く、本来そうした広い読者のあいだで、長い時間をかけて読まれ評価されることによって、良し悪しを判断されていくべきものだと考えられるからです。出版前の査読を含む「信頼性の保証」は、そうした読者の負担を多少とも軽減するための、あくまでもその程度の「保証」にすぎないと考えておくことが重要だと思います。

2　編集の役割（2）――読むこと、そして挑発＝媒介

つまり、編集の役割といってもこの程度のことで、編集者がすべてコントロールしているといったことではけっしてありません。しかも私は、編集の仕事の醍醐味は、ほんとうは、本を書くことを依頼した際の、編集者の期待を軽々と超えてしまう、そんな原稿を初めて読んだとき、その衝撃で自分自身が変わってしまうような経験にあるとすら思っています。米原万里さんの本のタイトルに『打ちのめされるようなすごい本』(2006)というのがありましたが、そうした原稿はたしかに存在するのです。ただしそれを読むことは、一方で苦しい経験でもありまして、読み進めようとしても、ひっかかって進まなくなったり、これでいいのか心配になったり、考えるのをやめたくなったりもします。とにかく、自分のそれまでの物の見方・感じ方を変えてしまう、つまり自己変容をせまってくる部分がありますので、これはたいへんなことでして、そうした場合には、他に計画中だった本を、少なくとも前と同じようにはつくりつづけることができなくなるくらいです。しかし、これはけっして悪いことではなくて、むしろその衝撃の波を何らかの形で他の出版企画に投げかけていくことは、編集者の重要な役割だと思います。つまり、これこそ、先ほど言いました「挑発」の、大きな原動力の一つになるわけです。

ところで、先ほど「体系化」という言葉も使いましたが、学術書にとって体系性はきわめて重要です。これはもっと一般的には、書物のもつ「世界」と言い換えることもできます。個々の論文ではなくて書籍をつくること・本を読むことの重要性はここにあると言っても言い過ぎではありませんので、あえて強調しておきたいと思います。従来、紙の書物の中では、読むための機能と、検索するための機能が共存してきましたが、現在、デジタル・ネットワーク化によって、検索機能が肥大化して突出する中で、読むことが、特に体系性や世界性を読むことが、衰弱しつつあるように見えます。検索の驚くべき便利さは否定しようもありませんが、しかしそれは、読むことに取って代わることはできない、という点が重要です。[*2] さらに言いますと、多くの人が、読まずに直ちに情報にたどりつこうという欲望をもった、検索情報の消費者となり、できればその情報を操作する主体になりたがっていて、他方、読むことについては労苦としか捉えていないように見えます。その背後にはひょっとすると、読むことによる衝撃やそれによる変化に対する恐れ（あるいは疲れ？）のようなものすらあるのかもしれません。そこでは読むことがなにか受け身で、さらには誰かに操作されることのように捉えられて、マイナスの価値を与えられているようなのです。たしかに、読むことは労力や時間を必要とするものですが、しかし、読むことによる衝撃は、人間を変えることができるものですから、けっしてその過程を軽んじてはいけないと思います。むしろ、不完全な情報の中で生きるしかない人間が、創造的に生きようとすれば、こうした、読むことによる自己変容・自己変革は最も重要なものの一つです。そしてこの自己変革こそ、イノベーションといわれるものの根本ではないかと思います。

さて、先ほど編集者の役割として「挑発」ということを言いまして、その原動力の一つをあげましたが、「挑発」とは何か、まだよくわからないというかたもおられるかもしれませんので、あと二つ例をあげてみたいと思います。

申すまでもなく、編集者は個々の学問分野に関して専門家ではありません。つまり非専門家です。しかし、非専門家だということは、いろんな分野に関わるということです。逆に、専門家というのは特定の分野のことはよく知っておられますが、その専門を離れると——ある種の共通項を外れると——、近いと思われる分野のことでも驚くほどご存知ありません。ところが、非専門家である編集者の方は、いろんな分野で本をつくりますから、多少ともそれぞれの事情を知ることができる立場にありまして、それを専門家の世界へとフィードバックすることができるわけです。たとえばAという分野で新しいおもしろい問題が出てきたときに、Bという分野でもそれと同様の問題が考えられることは結構ありまして、それをB分野の著者に伝えて「挑発」するのです。これを、専門分野のあいだの媒介者の役割と言ってよいかと思います。

もう一つあげてみます。東京大学の安冨歩先生が、専門家とは盲点を共有する集団だと言っておられますが（安冨 2010）、そういう盲点を少なくしてよりよい認識に到達するには、外部の社会からの声を吸収することが重要になります。しかし実際には、専門度の高い内容について、それは簡単なことではありません。そこで、名古屋大学名誉教授の安藤隆穂先生は、いろんな本を読むこととならんで、専門性を理解する編集者との対話を、文系の学問における一種の「実験」だと位置づけて、社会からの声を自分の学問に織り込むための方法として捉えておられます（安藤 2009）。要するに、専門家にとって当然の前提となっている事柄には、一般の目から見て「おかしい」と思われることや、「それを論じるならば、なぜこれを論じないのか」といったことがよくあるのですが、そうした疑問——その疑問が絶対に正しいということではなく、それをわきまえた上で、しかもある程度専門性を理解した上で——、疑問を発すること。言い換えれば、専門家の盲点に、外部からの声をさしむけて「挑発」することで、編集者は、専門と社会のあいだの媒介者の役割も果たすわけです。

以上、「挑発」による「媒介」の例を三つあげました。第一に、新たな知の波動を、読むことによる自己変容を通して伝えること、第二に、複数の専門のあいだを媒介すること、第三に、専門と社会のあいだを媒介すること、の三つです。「挑発」という強い言葉を使っていますが、それはあえて言いますと、「励ますこと」の逆説的な形だと言えるかもしれません。また、「媒介する」とは、裏返して見れば、「隔てとなっている障害を——境界ではなくて障害を——取り除く」ということです。そしてこの二つが合わさって、「ディシプリンを大切にしつつ、それを超え出る」よう促すわけです。いま言いました境界と障害の違いがわかりにくいというかたは、アメリカの詩人ロバート・フロストの「よき垣根は、よき隣人をつくる」という言葉を思い浮かべていただくとよいかもしれません。

ここまで、「たて」「とり」「つくり」から成る編集者の仕事と、それ（特に前二者）による「挑発＝媒介」という機能について見てきました。私はここに、よくいわれる「エディターシップ」というものの核心があると考えています。

3　専門知の媒介＝協同化の必要性

さて、ここからが（いささか長い）後半です。今回の話の最初に、グローバル化とデジタル・ネットワーク化の進展の中で、大学も変動過程にあると申しましたが、そうした中、大学には危惧すべき点も多々見られるようになっています。ここでそのすべてを扱うことはできませんが、そのうち、専門知に関わる問題を取り上げ、それについてどのように捉えていったらよいかを見た上で、問題点を解決する方向を探り、最後にそこでの大学出版・学術書出版の役割についてあらためて考えてみたいと思います。

ひと口に言ってしまいますと、大学における専門知を尊重しつつ、それを媒介し協同化していく必要性と可能性について語りたいわけですが、人によってはそんな話、特に協同化の話はもう耳にタコができたと感じられるかもしれません。しかし、せんだっての東日本大震災の際にも、さまざまな分野の専門家がテレビなどに登場してお話しになるわけですが、当然のことながら学者として誠実にしゃべろうとすればするほどそれぞれの専門の範囲に話をとどめざるをえず、そうした専門家の話を相互に関連づけて全体としてどのように理解すればよいのかは、よくわかりませんでした。いえ、今もってわかりません。その一方で、テレビであれば、紋切り型でごくわかりやすい話に事柄が切り縮められ、また、政治の場に一気に専門家が集められ、対応策について提言をまとめるよう求められるといったこともありました。いずれも致し方ないと言ってしまえばそれまでですし、後者などはもちろん必要なことでもあるわけですが、それ以外にもっと自由な場で専門知の協同化ができないものかと感じられたかたも多かったのではないでしょうか。事実、そのような試みも少し前からさまざまに行われるようになってはいます。

こうした協同化の必要性は、先の地震に限りません。環境問題その他、多くの現代的問題といわれるものは一つの専門分野で取り扱うことができないということは、ウルリッヒ・ベックのリスク社会論はじめ（ベック邦訳 1998）、これまでにもたびたび指摘されてきたところです。といいますか、そうした問題は大きく複合的であるがゆえに、さまざまな角度からのアプローチが求められるわけで、ひとたびそれぞれのアプローチによる探究が進めば、それらを再び総合していくことは当然の前提であったわけですが、それが十分に行われていない。そして現代の大学や学問は絶えざる専門化へのベクトルを内在化させていますから、耳にタコができても、またたとえ困難であっても、何度でも専門知の総合や協同化を試みていく必要があるわけです。

しかし専門家は、先ほども申しましたように、共通項を外れると、驚くほど他の分野のことをご存知ありません。同じ一つの大学であっても、学部を超えれば大学の先生方はお互いに何を研究しているのかをご存知でないことがしばしばあります。さらに言えば、近年、お互いの学問領域・学問対象に対するリスペクト（敬意や尊重）すら希薄化しているように見えるのです。特に文系と理系のあいだにその傾向が顕著であるように感じられます。もちろんC・P・スノーの有名な本のタイトルにもありますように、大学における「二つの文化」とは以前からいわれてきたことですが（スノー邦訳1967）、このところますますその傾向が強まっているようなのです。同じ大学の名を冠しながらもお互いに異星人のような感覚をもっている研究者も多いのではないでしょうか。そのことに気がついて、これでは困った事態になると、交流のための試みを行っている大学もありますが、まだ十分実を結んでいるようには見えません。

こうした事態を解消する、少なくとも緩和するには、最終的には個々の問題に即して、具体的に、他の分野の専門家の話に、その分野に関しての非専門家として耳を傾けるしかなく、逆に言えば、自らの分野については専門家として、その分野に関しての非専門家に語りかけるしかありません。そしてその場合、それを聞いたり語ったりするためには、最低限「共通する知的基盤」が必要となります。また、そうした場を設定し運営していくための行為も求められることになるでしょう。こうした行為を、スティーヴ・フラーのように「知識のマネジメント」という言葉で考えようとする人もいますが（フラー邦訳2009）、私はこうした場は一種のメディアとして捉えることができると考えますので、そうした場づくり・場の運営の行為を「知識のメディエーション」と呼びたいと思います。[*3]

この専門知を協同化するための二つの要素、つまり「共通の知的基盤」と「知識のメディエーション」について考えるのが、ここからの話の中心になります。が、その前に、そのまた前提として、個々の専門性の存在をどう理解すればよいかという基礎的な考え方を共有しておく必要もあるでしょう。といいますのも、（他の）専門知に対する（相互）尊重なくしては、そもそも対話が始まらないからです。これは、いま言いました共通の知的基盤の一部をなすものとも考えられますが、その最も基礎になる土台と言ってもよいものですので、ここではいったん区別してお話ししたいと思います。そしてそのための考え方が「徳科学論」ないしは「徳論的な科学論」です。ここで言う「徳」は英語で言えば「ヴァーチュー」。「科学」という言葉との組み合わせは耳慣れないかもしれませんが、まずはお聞きください。

4　専門知と徳科学論

これは、「徳倫理学（ヴァーチュー・エシックス）」「徳認識論（ヴァーチュー・エピステモロジー）」という考え方からヒントを得たものです。「道徳についての科学」という意味ではありません。できれば、このテーマでそのうち本を出版したいと思っておりますので、大づかみに「さわり」だけお話しさせていただきます。

まずこれは基本的には、学問ないし科学の価値を扱う考え方です。こう言いますと、学問は価値に対して中立的である、あるいはそれを裏返して、自立した価値がある、また、認識すること自体に価値がある、という反応がすぐに返ってくるかもしれません。そしてもしここで、「では、なぜ認識すること自体に価値があるのか」と問うていきますと、「徳認識論」の問題圏の方に入っていくことになります。

しかし、「徳科学論」という言葉で考えたいのは、認識ないし知識一般のことではありません。学問がさまざまな分野をもち、その分野ごとに自らを正当化する考え方や手続きが異なり、それらは、その分野が対象と関わる際の世界との接続の仕方や、その分野の成果が社会と接続する仕方によって、変わってくる、ということに関わります。その分野を探究する学者は、それぞれの分野がもっている考え方や手続きを大切だ、つまり価値があると思って行動しているわけですが、それを、ここではそれぞれの科学の「徳」＝ヴァーチューとして捉えたいわけです。もちろん、この「徳」には、多くの分野を貫いて共通するものもあるでしょうし、比較的限られた、場合によっては、ある特定の分野にだけあてはまる「徳」もあるはずです。

また、複数の学問分野に共通する「徳」があるのと同様に、テーマや対象が複数の分野で共通することもあるでしょう。というより、先ほど地震の例をあげましたように、同じテーマや対象を別の角度から研究していることも多いわけです。このとき、この「別の角度」というものをどのように考えるのか、その基礎的な考え方を共有しておくことが、相互理解のためには必要だと思うのです。

先に使った言葉ですと、「ディシプリン」という用語に近く、ある意味ではその中に含まれていると言えるかもしれませんが、規律や訓練の側面ではなく、価値の側面を前面に出すために「徳」＝ヴァーチューという言葉を使いたいと思います（逆に言えば、規律・訓練の側面で捉えた概念が「ディシプリン」で、それゆえこれは学者の養成に関わるものです）。そして、なぜこういうことを考えたいかといいますと、それぞれの分野によって「徳」（正確には複数の「徳」の組み合わせ、ないしは「徳」の束）が異なるという事実をはっきり認識すると同時に、そうした異なった「徳」を学者どうしが、あるいは学者以外の人が、尊重する必要性をうったえたいからです。

たとえば、歴史学と機械工学を考えてみましょう。この場合は、研究対象が異なるのは明らかですから（ただし機械製作の歴史といったものも考えられますが）、両者における論文というものの位置を考えてみたいと思います。まず機械工学にあっては、一般に論文は、実験によって検証されたことの報告であり、速報性が重要です。また、「標準化された手法と道具に基づく研究活動を通じて世界規模の科学者共同体が成立」していますので、「共通語」としての英語で書くことのメリットが大きいでしょう。[*4] そしてその論文の内容は、情報として共有されることでその役割を果たしたことになります。その結果として、新たな「モノ」の誕生に結びつき、それが社会に役立つことに価値があると言えます。

一方、歴史学の方はどうでしょうか。もちろん、新たな事実の発見を報告する論文もありますが、その場合でも論文の外側に実験というプロセスが存在するわけではなく、それに替わるのは、さまざまな史料を読むという行為です。そして論文は速報性よりも、それ自体の叙述性、あるいは

「文」自体に価値があり、しばしば次の段階でさらに体系化されて書籍の形にまとめあげられます。一個の体系性や世界性を（その分野全体から見れば部分的にせよ）新たに創り出すことが重要なわけです。また、日本史や漢字文化圏の歴史を考えてみれば明らかなように、ここでは「共通語」としての英語で書くことが必ずしも「善」ではありません。それは、その論文が、たんなる情報というよりも、それ自体が一つの歴史叙述、いわば作品たる「文」として読まれるものだからで、学者とは限らない広い読者の歴史認識やさらにはアイデンティティにも関わってくるものだからです。先ほど、読むことが軽んじられる傾向にあると述べ、読むことの衝撃と価値を強調しましたが、作品としての「文」を読む経験には、たとえ時間がかかったとしても、人間を変えていく力が間違いなくあります。したがって、いわば、「モノ」によって世界を変える学問に対して、「文」によって人間を変える学問があることになります。そしてそこでは学者の範囲を超えた読者が存在する一方、それはしばしば母語で読み考える読者でもあるのです。

このように、論文を書くという行為は同じであっても、その位置づけや、そこにいたる手続き、その書き方、書かれたものの受けとめられ方は、大きく異なっており、それはそれぞれの学問分野においては大事な、一種の「徳」＝ヴァーチューとして尊重されているものなのです。言い換えれば、それぞれに異なった「徳」ないしは「徳」の組み合わせの中で、論文が書かれているわけです。[*5]

そしてこうした「徳」＝ヴァーチューは、突然でっちあげられたものではありません。これまで学問が展開してくる中で形成され、人間社会（および世界）のさまざまな部分・側面・位相に対応しているわけです。[*6] その意味で人間の社会と同様、頑健さと繊細さを備えていると言えます。もちろん、頑健とはいっても、「徳」は永続的なものではありません。誰もその「徳」ないし「徳」の組み合わせに魅力を感じなくなれば、その学問分野は廃れていかざるをえないでしょう。[*7]

それはともかく、論文を書くという行為が同じだからといって、前後のプロセスや連関、意義、あるいは論文そのものの性格、つまりは「徳」も同じだと見なして、同様に扱ってよいということにはなりません。しかし、現在の日本で、あるいは世界的に見ても、大学や科学技術・学術行政の世界で起こっているのはこのような乱暴な同一視ではないでしょうか。あるいは無理やりに同一の尺度にあてはめて優劣を競わせる「エクセレンス」の原理――これはビル・レディングズが『廃墟のなかの大学』（邦訳 2000）で使っている言葉ですが――の跋扈ではないでしょうか。社会や世界の複雑さと同様、学問も複雑なものであり、フラットな、一元的な形では捉えられません。特定の分野の（あるいはそれにのみ親和的な）「徳」による一元的な支配によってはうまく機能しませんし発展もしません。しかしこのことを無視したところから、他の学問領域に対する敬意の欠如がもたらされる一つの要因が生じているように私は思います。

以上、徳科学論という考え方によって専門知のあり方について見てきました。しかし、誤解しないでいただきたいのですが、専門性を手放しで擁護することがここでの目的ではありません。むしろ、専門性を不可避のものとして捉えた上で、その協同化のためには、その前提として専門相互の尊重が必要であること、そのための根拠について述べてきたわけです。先ほどの「よき垣根は、よき隣人をつくる」ですね。したがって、次の課題は、このような専門相互の尊重の実現を図りつつ、その上でどのように専門知の協同や統合を考えていくか、ということになります。

5　専門知の協同化の類型

ところで、現代の大学は、大衆化と社会の複雑化の流れの中で、教養教育と専門教育の二つの役割を果たすことを求められています。アメリカの大学であれば、大きく学部と大学院がそれぞれを分担するということになっていますが、日本の大学の現状はもう少しややこしいことは皆さんご承知の通りです。しかし、卒業者が市民として活動していくために必要な市民的教養と、特に専門家として活動する場合の専門知との両方が、大学における教育に求められていることに変わりありません。

そしていま問題にしている専門知の協同化は、こうした市民的教養に対応するためという場合と、もっと専門度の高い知の協同化という場合に分けて考えられそうです。しかし後者の、専門度の高い知の協同化について、より立ち入って考えてみますと、専門家といっても自らの専門分野の外では非専門家ですから、その点では専門性をもたない市民（素人）と変わらない場合もありえます。また逆に市民の方も、熟練の度合いはさまざまであるとしても何らかの専門家であることが多いでしょう。したがって、専門分野の外では、両者を区別することに意味はなさそうです。ただし、先ほど徳科学論によって見ましたように、複数の専門分野が徳（や対象やテーマ）を共有している場合もありますから、そうした領域では、ある分野の専門家が、別の分野の完全な専門家ではないにせよ完全な素人でもない、という中間的な場合が生じることになり、そうしたケースは実際には多そうです。この場合の専門性の度合いは、徳（や対象やテーマ）の共有の度合いに応じて変わってくると考えられるでしょうが、ここではさまざまな度合いを含めて部分的専門家と呼びたいと思います。ただし、その度合いがあまりに低ければ専門家と呼ぶのは憚られますので、便宜的に半専門家（ないしは五〇％専門家）として考えておきます。そうしますと、専門知を協同化する相手として考えられるのは、専門家に加えて、素人と半専門家の三種類ということになります（後の二者をここまでは非専門家と呼んできました）。もちろん、専門性の外ではすべて一人の市民です。

そして他方、先ほど見ましたように、専門知の協同化のために必要な要素として、「共通の知的基盤」と「知識のメディエーション」が考えられましたから、これを上の区分とあわせて考えますと、次のような表が得られることになります。狭義の専門家どうしの専門知の協同は当然のことですから、表には書かれていません。

まず（表の上段の）「共通の知的基盤」について言えば、（表の右側の）専門家と半専門家とのあいだでは、すでにそれが或る程度存在すると考えられますが、それで十分かどうかはわかりません。少なくとも、（表の左側の）素人との協同の場合と同様の、最低限の知的基盤は当然必要になるはず

	（専門家と）素人との協同	（専門家と）半専門家との協同
共通の知的基盤	「新しい教養」（古典的リテラシー＋科学技術リテラシー）	すでに或る程度存在するが、「新しい教養」も必要
知識のメディエーション	従来の例：コンセンサス会議 従来の出版例：教養書・教科書	従来の例：学際的共同研究 従来の出版例：ある種の研究書

です。ここではそれを「新しい教養」という考え方によって見ていきたいと思います。

次に（表の下段の）「知識のメディエーション」については、この表では従来の例をあげてあります。といっても、（表の左側の）素人との協同の欄に書かれているコンセンサス会議というのは比較的新しい方法ですから、耳慣れないかたもおられるかもしれません。これについては以前に『誰が科学技術について考えるのか――コンセンサス会議という実験』（小林傳司著 2004）という本を出版しましたので、関心のあるかたはぜひお読みいただきたいのですが、ひとことで言えば、「市民参加のテクノロジー・アセスメント」のことで、その際、「議題となる、社会的論争のある科学技術について、専門的な知識を持たない一般市民が会議の主導権を握る点に大きな特徴があ」ります（日本版ウィキペディア）。ただし、ここでも「ファシリテーター」という役割で「半専門家」が介入することが重要です。また、（表の右側の）半専門家との協同について、従来の出版例として「ある種の研究書」をあげてあるのは、前半でお話しした「ディシプリンを大切にしつつ、それを超え出る」ことによって書かれた本を念頭に置いています。といいますと、特殊な研究書のように聞こえるかもしれませんが、多くの研究書は書籍である以上、コアの専門家に加えて、そこから「二回り、三回り」外の、半専門家をも読者として考えて書かれるべきだというのが私のほんとうの気持ちです。さらに、表には書き込んでありませんが、たとえばワークショップなども開催の形に応じてそれぞれの例になるでしょう。ここでは、この「知識のメディエーション」を「知識人の機能」という考え方で見ていくことにします。

6 共通の知的基盤と「新しい教養」

さて、まず「新しい教養」の方ですが、これはなかなかいい言葉がないため、やや苦しまぎれに使っている気味があります。これまでの歴史上の概念では、ヨーロッパ中世の言葉を使うなら「リベラル・アーツ」、近代の言葉を使うなら「教養」にあたるだろうという程度のものです。ここでは、とりあえず「教養」を使っておきますが、しかし、この言葉が使われるとき、これまでともすると自然科学系の議論が抜け落ちてしまい、文系の古典の話へと議論がスライドしてしまっておりました。私は古典の重要性を強調するのに人後に落ちないつもりですが、それでもいま求められているのは、それを含んだ上で文系・理系をつなぐ新しい教養概念でなければなりません。

この新しい教養概念については、先に引いた本の著者でもあり私自身影響も受けてきた大阪大学の小林傳司先生がすでにいくつか発言しておられますので、簡単にご紹介させいただきます。[*8]

先に大学の研究者たちの知的紐帯が希薄化していると申しましたが、小林先生によれば、これは学生についても言えることでして、自分自身が大学という共同体の一員であるという感覚が失われつつあるように見えるといいます。そしてこれは、日本における市民社会の発展という観点からは明らかに大きなマイナスであり、その縮図であるとも言えるでしょう。必要とされるのは、市民性の涵養であり、市民社会の担い手に求められる「市民的教養」であるわけです。現在、日本の大学はこれに成功しているとは言えない状況にあります。

では市民性とは何でしょうか。小林先生は、「社会の公共的課題に対して立場や背景の異なる他者と連帯しつつ取り組む姿勢と行動」と言っておられます。市民性をこのように定義すれば、現代社会が直面している多くの課題に気がつきます。先ほども言いましたように、環境問題はじめ、どれをとっても複雑で広く絡まりあっており、一つの学問分野の知見のみでは全体を理解することは困難です。そこで、これらの課題に向き合っていくための共通の知的基盤が、現代の「市民的教養」がめざすべきところとなるでしょう。それはたんなる情報の集積とは異なります。また、個人の現状への埋没によっては実現できません。過去と現在の幅広い知識を自らのものにした上で展開していく力、言い換えれば「過去を学ぶことによって、あり得た現在を想像し、現在を深く知ることによって、あり得べき未来を構想する力」が、その核心になければなりません。

こうした力を養うためには、一つには古典を読むこと、「普遍的な価値を探求する人類の営みの、時空を超えた贈り物である古典」を読み活用することが土台として重要ですが、もう一つには、それのみでは果たせない、「文系と理系が共有する新たな科学技術リテラシー」が必要となります。後者は、ここまでの話からも想像されますように、理系の専門家育成のための基礎教育とは異なります。むしろ「市民にとって必要な科学技術リテラシー」であると言えるでしょう。

一方で民主主義的な社会の存続と、もう一方で科学技術がますます発展することで社会に与える影響が大きくなること、この二つを考えあわせますと、市民が科学技術について何らかの形で判断せねばならない機会が増えることは明らかです。そのとき専門家は市民に向け科学技術について語る技術を身につけねばなりませんし、市民はそれを聞いて判断する土台を養わねばなりません。それはしかし、単純に専門的知識を教え・理解するということではないはずです。むしろ知識や技術というものの性質や、それを扱うためのシステムづくり、そもそも市民がなぜそれに関与することになるのかといった事柄を含めて、考えていくことが必要であり、それには人文学や社会科学の知見も欠かせません。そうした知見の全体として「市民にとって必要な科学技術リテラシー」を捉える必要があるわけです。——以上が、小林先生の助けを借りた「新しい教養」のイメージです。

では、次に「知識のメディエーション」のための「知識人の機能」について見てみたいと思います。

7　知識のメディエーションと「知識人の機能」

さて大学人は、三つないし四つの層をもっています。一番基礎となるのは市民としての層であり、これは他の人々と共通です（これをさらに幾層かに区分することもできるでしょうが、ここでは省略します）。

その次からが、大学人特有の部分ですが、一つは、それぞれの大学という組織に属する層。これは、残念ながら現状では何々会社の社員というのにかなり近くなっています。大学が個々にも普遍的価値の担い手たることを捨て去るならば完全にそうなってしまうでしょう（この章の冒頭にあげた本で吉見先生も言っておられるように、大学が組織を超える部分をもっているのは、この普遍的価値の実現と対応していることに、注意しなければなりません）。

二つ目は、アカデミアないし学界に属する層。これは、○○学会に所属することや、もう少し一般的に学問の世界に属することと考えれば、イメージしやすいと思います。個々の大学と大学のあいだの敷居を超えていますが、専門性の中にあるとは言えるでしょう。

三つ目は、知識人としての層。専門性を超え、個々の大学の敷居も超えた「知」の担い手としての層。かつてのいわゆる「知識人」[*9]のような、ほとんどあらゆる事柄に対応する「知」の担い手としては、もはやありえないでしょうが、複数の専門知を媒介し協同化するような機能の担い手としては、不可欠な存在です（共同で担うという点をより強調するためには、「分有された知識人性」とでも呼ぶのがよいかもしれません）。今日、この層がたいへん薄くなっており、しかし、そのぶん必要性が強く（少なくとも潜在的に）感じられているのではないでしょうか。[*10]

このように大学人の存在のあり方を捉えますと、今日そしてこれからより強く求められるのは、知識人の層ないし、専門知を媒介＝協同化する機能を再活性化することであろうと考えられます。もちろん、最初の二つの層が重要でないと言っているわけではありません。第一の層が必要なのは当然ですし、第二の層については先ほど徳科学論の観点から専門相互の尊重について強調したところです。しかし、それだけではいけないということをいま述べてきたわけです。

かつては、大学の外の知識人の存在もさることながら、大学人が出版を通じて、広く専門を超えた発言をしていました。そうした大学人と出版との関係は、やや希薄化しているとはいえ、まだそれが消えてしまったわけではありません。特に日本の場合、学術書であっても、学術書専門の出版社からだけ出版されるということはなく、また学術書の出版を主とする出版社であっても、その刊行物は幅をもっています。アメリカのように出版前の査読に閉じ込められていないと言ってもよいでしょう。そして学術書の流通も、従来から、専門書店にだけ並ぶというわけではありませんでした。

もちろん、私はこうした大学人と出版との関係が、今後もそのままの形で続くだろうと言いたいわけではありません。しかし、こうした関係の中で、少なくとも部分的に実現されてきた、知識人性ないし専門知を媒介＝協同化する機能を継承・発展させることが、今後の「知識のメディエーション」においてますます重要になると言いたいわけです。

なお、こうした機能自体を専門（職）化することを考える人もいるようですが（フラー邦訳2009）、専門（職）化を考えるとしてもあくまでその一部なのであって、こうした機能の全体は共同で担うしかないでしょう。その中で、個々の大学人の「知識人としての層」の再活性化は不可欠であり、さらに、前半で述べた出版人の編集の機能も役立つ部分があるだろう、というのがとりあえずの見通しです。

8　大学出版・学術書出版の役割

話が広がりすぎたかもしれませんが、結局言っていることは同一で、ディシプリンを大切にしつつそれを超え出ること・超え出る運動を支持すること、そのための媒介とはいかにあるべきか、ということです。そこで最後にもう一度、その中での大学出版・学術書出版の役割とは何かを考えてみたいと思います。ここでも編集に絞ります。

まず新たな教養、つまり文・理を媒介し現代の市民性の発展のための共通の基盤となるような教養の形成に役立つことがあげられます[*11]。しかしこの点は先にもやや詳しく申しましたし、わかりやすい例では、それに対応する新しい教科書や教養書を出版していく（もちろん、言うは易し行うは難しですが）形で、大学出版・学術書出版が関わりうることは十分理解されると思いますので、ここでこれ以上展開することはいたしません。

もう一つは、個々の学問領域の「徳」＝ヴァーチューを尊重しつつ、領域を超え出る挑戦を促し、あわてずじっくりと「知」の誕生を見守っていくことでしょう。よく使われる比喩で言えば「産婆役」、現在の言葉では「助産師役」です。——これは知識のメディエーションの方法に関わる点ですが、そこにこれまでの出版の方法が示唆するところがあるだろうということです。

たしかに、ここにはなんら目新しさや派手さはありませんが、それでもこれは、昨今の大学を席巻してきた風潮とは正反対のものです。第一に、最初の方で言いましたように、編集の役割の重要な部分に、挑発＝媒介があり、新たな知の波動を自らの心身を通して伝えていくことや、個々の学問分野の「非専門家」として、専門をまたいでエディターシップを発揮していくこと、社会からの声を、専門が形成する盲点に差し向けることをあげました。これらはいずれも、さまざまな学問分野のあり方に寄り添いつつ媒介し、それによって領域を超え出ることを促す行為であって、乱暴な同一視や無理やり同じ尺度にあてはめて競わせる行為とは大きく異なる、繊細なものです。

第二に、「産婆役」と申しましたが、実際の出産とは違って、こうした「知」の誕生を促す行為はとても時間がかかります。いや、出産の場合であっても、愛をはぐくむ段階からすれば、長い時間がかかると言えるでしょうから、同じなのかもしれませんが、いずれにしても、この産婆的行為は、今日の大学において、学問分野の違いをかえりみずに半ば強制されている短期的なプロジェクト型の研究や、若手研究者に不遇を強いてインスタントな、すぐに結果の出そうな研究へと誘導してしまっているあり方とは、正反対のものです。

おそらく、今日このような学問の「徳」を無視したやり方が多少とも大学で実行できて、ある程度の成果が出ているように見える場合があるのは、これまでの、つまりこうしたやり方以前の、学問的な蓄積があるからこそだと思います。したがって、こんなやり方を続けていては、やがて研究の源泉は枯渇してしまうでしょうし、それは、将来に手渡すべき遺産を食いつぶすということでもあるはずです。つまり、現在の大学のあり方は、過去と未来へのフリーライド（ただ乗り）を行っている部分があり、それは是正されるべきです。[*12]

そうであるとすれば、産婆的行為である編集は、過去や未来との対話、遺産を受け継ぎ、遺産を遺すための仕事のお手伝いをすることでもなければなりません。それを、「過去と未来へのネットワーク」をつくることとも表現できるでしょう。

もちろん、この産婆的行為の成功をあらかじめ保証してくれるものはありません。われわれ編集者は研究者とともに過去のテキストを読み、現在を見つめ、未来における評価も考えつつ新たな言葉を世に問いつづけるでしょうが、それが読者の自己変革、ひいてはイノベーションを促すかどうかは、いつも賭けに似ています。それはうまくいく場合もあれば、そうではない場合も多いでしょう。しかし、コミュニケーションのプロセスとは本来そのようなものではないでしょうか。

おわりに

さて、今回の話の終わりにあたりまして、いま私の頭の中には、多くの学者・研究者たちとともに、さまざまな組織でがんばっている、あるいはがんばってこられたあの編集者、この編集者の顔が浮かんでおります。彼ら／彼女らの顔はいつも晴れやかであるわけではありません。むしろあいまいで複雑な表情を浮かべていることの方が多いと思います。しかしそれこそ、実際的な状況に応じて行為する者の顔ではないでしょうか。[*13] そして学術書の編集者たちは、そうした行為を、分野を超え時代を超えた複雑で繊細な「知」のために、自らの心身を媒介として行っています。その地道な仕事が、たとえ一つひとつはささやかであっても、人間の「文」の道――広い意味での、つまり自然科学を含めての意味ですが――を発展させていくことを強く期待し、自らも努力を続けたいと思います。それがわれわれの編集という方法だからです。

第2章　企画とは何か――一つのケーススタディから

はじめに1――話すのが苦手で著者に会うのが怖い編集者として

冒頭から恐縮なのですが、実は私は、多くの人の前でお話しするのが大の苦手です。ところが、今回ご指名いただいた時にそう申しましたところ、尊敬する先輩である東京大学出版会の竹中英俊さんから、編集者というのは話すのが下手でもいいんだと言われまして、ついうれしくなって、といいますか不覚にも感動いたしまして、お引き受けしてしまいました。

そもそも編集者でありながら、著者と会うのが怖い人間でして、A型人間の典型なのかもしれません。ですからとにかく、多くの人とはなるべく一度に会わない。できれば著者とは一人ずつ会うことにしていますが、それでも怖いので、断片でもいいからその人の文章を読むことにしています。そうすると、少しだけ安心できるのです。

でも、怖いのは当然ではないかとも思います。なにしろ相手は専門家で、こちらは非専門家です。しかも世間話だけをするのではなく、相手の専門の話に飛び込んでいって本を書いてほしいとお願いするわけですから。

ともかく、たいへんお聞き苦しい話、おそらくまったく脱線だらけの放談になるかと思いますが、どうかご容赦ください。

はじめに2——ほんとうのはじめに

さて今回の話は、ケーススタディとして編集者が自分の担当した本を一冊取り上げ、それに即して企画・編集のいわく言いがたい部分を語ってみよう、というものです。マニュアル化できない部分をなんとか言葉にしてみて、あるいは、ベテラン編集者の方々であればあたりまえだと思われることでも、多少口幅ったくなってもかまわないから一度言葉にしてみて、それを通して編集・出版の質を高めていこう、というわけです。大学出版の編集の質を高めることは、間違いなく日本の学術書の水準を高めることになります。そのためには、シャイな人種の多い編集者に（著者の方々にはそう思われていないかもしれませんが）、なんとか一番いい部分をしゃべらせて、その中の一部でも共有していこう、そういうことこそが一番大事ではないかという、これは大げさに言えば一つの思想だと思います。そういう意味でも、ここでは名古屋大学出版会の編集責任者という立場ではなく、一編集者としての立場でお話しさせていただきます。

そんな話ですが、あまりこういう話を聞く機会のない編集者のかたや、編集部門以外の方々（日ごろあいつら編集者は何を考えているのかよくわからないと思っているかたもおられるかもしれませんね）、あるいは編集者がふだん直接お目にかかることの少ない書店・販売会社の皆さまにも少しはご参考になるところがあればと思います。

ただ、一冊の本を取り上げてと申しましたが、編集者は普通、一冊の本だけを編集しているわけではありません。多くの企画や原稿、それもさまざまな段階のもの、さまざまな種類のものを並行して動かしています。そうした多くの中でやはり一点一点が大事なわけですが、これは長年の研究を一冊の本にまとめる著者にとってどうか、あるいは一冊の本との出会いが一生を左右することもある読者にとってどうか、ということを考えれば自明です。しかしそれでも、編集者の仕事は一点だけにかかりっきりでは成り立ちません。そうした条件の中でどう工夫するかという点にも、おのずとふれることができればと思いますが、これはあまりうまくいかないかもしれません。

また今回は、特に出版企画の部分（「たて」から「とり」にかけて）を中心にお話しします。なんと言いましても、この部分が一番「いわく言いがたい」ところだと思いますので。ただ、それをお話しするために、ふだんはちょっと言えないこともしゃべります。著者と編集者のあいだだけの話に属するようなことです。ですから、それぞれのかたのお役に立てていただく分にはいっこうにさしつかえないのですが、またそうなればたいへんうれしいのですが、そういう話であるということをあらかじめご了解いただき、ご配慮ください。

それから、出版企画は形のないところで進むものですから、今回の話の大半は具体的な本の姿にたどりつくまでの「まえおき」のようなところに終始すると思います。逆に言えば、本の姿が見えてきたところで話はほとんどおしまいですので、どうかそのおつもりでお聞き願います。

1　本の紹介――『漢文脈の近代』という研究書

でも、まずはいちおう本の紹介をさせていただきます。

今回のゴール地点となるのは、齋藤希史著『漢文脈の近代――清末＝明治の文学圏』です。A５判・上製・三三六頁で、二〇〇五年二月二八日発行です。その際につくった広告文には、「一九世紀後半から二〇世紀にかけて、かつてないほど相互に交通しあった日本と中国――そこに生じた「漢文脈」の新たな展開と可能性を、書くことと読むことの場に即して捉え、文学史・小説・翻訳・作文などをめぐる様々な試み・思考・葛藤を通して、近代の再考を促す画期的論考」というふうに書きました。本体価格は五五〇〇円、初刷一二〇〇部、半年後の販売部数が約八〇〇部で、[*1]科学研究費の出版助成を受けて刊行しています。

総じて好評と言ってよいと思います。それを示すものとして書評をいくつか紹介させていただきます。

まず、二〇〇五年四月三日付毎日新聞。張競さんによるもので、張さんは日中の比較文化論を専門としておられますので、実は書評していただけるのではないかと、ちょっとアテにしていたのですが、発売後一カ月経つか経たないうちに、ドンピシャで書いてくださいました。[*2]

もう一つは、五月八日付読売新聞。日本思想史がご専門の苅部直さんによるもので、短いけれど、いい書評だと思います。[*3]

この二つは売り上げにもつながり、書店さんにもその都度、ご案内を差し上げたところです。

売り上げという点ではたぶんほとんど効果はありませんが、書家の石川九楊さん編集の『文字』という雑誌の終刊号（2006）に、ドイツ文学がご専門の武村知子さんというかたが書いてくださいました。独特のスタイルで書かれた比較的長い書評で、批評精神に富んだ、とてもいいものです。

そのほかにもすでにいくつか書評が予定されていると聞いております。

しかし、書評こそ出ましたが、先ほど申しましたように半年後の販売部数は八〇〇部でして、おもしろい本だけれども一般の読者の方々にとっては特別に目立った派手さのない論文集的な研究書です。けれども、こうした本こそ大学出版部にとって出版の中心となる書籍だと思います。であるからこそ、質のいい教科書と並んで、こうした書籍をしっかりと、着実に企画していくことが大事なわけで、だから、今回あえて取り上げた次第です。

とは申しましても、出版企画にはなかなか「しっかり」「着実に」というのはありえないのかもしれません。むしろ私自身はいつも「犬も歩けば著者にあたる」くらいの気持ちでいるのがよいのではないかと考えています。とにかく、まずいろいろ動いてみて、そうした中で著者に出会う、ということです。

2 出版企画について――一般的な但し書き

それでは、この『漢文脈の近代』という本の企画はどのようにして、という段ですが、「話せば長いお話に」というやつになりますので、あらかじめお断わりしておきますと、この『漢文脈の近代』ではまず編集者のほうでアイデアが形をとっていって、それから書き手を探したというパターンですが、言うまでもなく、出版企画はいつもそのような形をとるとは限りません。

当然、純然たる持ち込み、つまりまったくつながりのない著者が企画話あるいは出来上がった原稿をもって出版を依頼にくる、という形から、いま申しました、こちらでアイデアを考えて書き手を探して依頼する、という形までの幅があり、通常、その中間のどこかで企画が生まれることが多いわけです。中間というのは、知り合いの著者との話の中で、こんな人がいると教えてもらったり、逆にこんなふうな研究をしている人はいないかとたずねたりすることを通じて、浮かび上がってくるというもので、編集者の方々には一番なじみ深い形ではないかと思います。

そして最終的に優れた本が出版できればよいのであって、どのパターン・どの形の方がよいということはまったくありません。この点はぜひ強調しておきたいと思います。つまり、純然たる持ち込みでも、いい本が出版できればそれでいいわけです。また、普通その方が効率的でもあります。

その上での話なのですが、名古屋大学出版会の場合について言いますと、持ち込み原稿や持ち込み企画、ないしそれに近いものは、やはり優れたものに出会える確率が低く、ですから、極力こちらから書き手の方に出向いて依頼するという形で出版企画を立てるようにしてきました。[*4]

3　長い長い因縁話（1）――「アジアからの衝撃」

それでいよいよ、『漢文脈の近代』の企画の話ですが、しかし、ぜんぜんかっこいい話ではありませんし、またすぐに『漢文脈の近代』にたどりつくわけでもありません。いわば「因縁話」です。

事の起こりは、入社してまもなく、たぶん一九八九年だったと思いますが、名古屋大学出版会に勤めていたNさんの当時の連れ合いと知り合いになりました。仕事とは関係なく、営業部の人も含めて一緒に遊んでいたわけです。あえてこんなことから話しますのも、どんなつながりから、書き手の仕事に触れることになってもいいと思うからです。およそ仕事とは関係のないような、つながりや経験や考え、あるいはひっかかりのようなものが、その後展開していくことが多いものです。

特に自分が考えたことは、たとえ馬鹿みたいなことでも大事でして、ある本を出版することになって、なぜ自分はこの本をおもしろいと思ったのかを後で考えたとき、以前に少しだけ考えてみたり、ひっかかりを覚えたことがあるものだった、ということがよくあります。「つながり」というのとは違いますが、そういう考えとも言えない考えやひっかかりを少しずつでも溜め込んでいくことが重要だと思います。特にこれは、忙しくて時間があろうがなかろうが、ひっかかるものはひっかかりますので、忙しい中で出版企画の種をはぐくんでいくことになると思います。

元に戻りますと、そのNさんの連れ合いが研究者、つまり大学の先生で、そのうちにその人の書いた「一八八〇年代のアジアからの〝衝撃〟と日本の反応」という論文の抜刷をもらいました。ちなみに、この人は、『漢文脈の近代』の著者の齋藤さんではなく、籠谷直人さんという人です。当時、愛知学泉大学というところの講師だったと思います。齋藤さんにたどりつくには、まだまだかかります。それで、その籠谷さんに専門を聞くと、「経済・経営史」ということです。正直なところ、当時の私にとっては「経済・経営史」なんて、そんなものあるの？という感じでした。歴史ということで当時の私の頭の中にあったのは、せいぜい一般の歴史と文学史くらいです。私、文学部のフランス文学出身なものですから。

それで、その論文を読みますと、日本が「鎖国」体制を開国によってやめると同時に、「華僑商人」(中国系商人)なんかがいっぱいやってきた。つまり、日本の開国は西洋に対してだけ開かれたのではなく、同時にアジアに対しても開かれ、それはウェスタン・インパクト、つまり西洋の衝撃になぞらえて言うなら、「アジアからの衝撃」とも呼べるもので、日本の近代のあり方を大きく規定しているはずだ、という主旨のものでした。

私は、「アジア」という捉え方にまずは違和感を覚えました。当時そもそも「アジア」なんて、ヨーロッパ人が余りものを入れる風呂敷みたいにつくり出した概念で、そんなものは幻だ！と思っておりました。また漠然と、日本と西洋からなる近代、あるいは日本の西洋化としての近代、そして遅れたその他の国々といったイメージをもっていました。

でも次第に惹かれていきます。アジアという幻のように思えた概念の一方で、その論文には、なんとも脱力系の、寒天・昆布・干物・マッチといった品々の取引の話が出てきます。黒船のような大型船ではなくてジャンク船というちっちゃな船に乗って、そうしたものを持ってくるわけです。それがアジア間貿易の商品なんです。それで、子どものころ好きだったミツマメの缶詰の寒天の味を思い出したり、花火のときのマッチの燃える臭いを思い出したりしてなにか身近なものを感じました。それに、横浜港より中国に近い神戸港の話にも(実は私、そっちの方の出身なので)親近感を

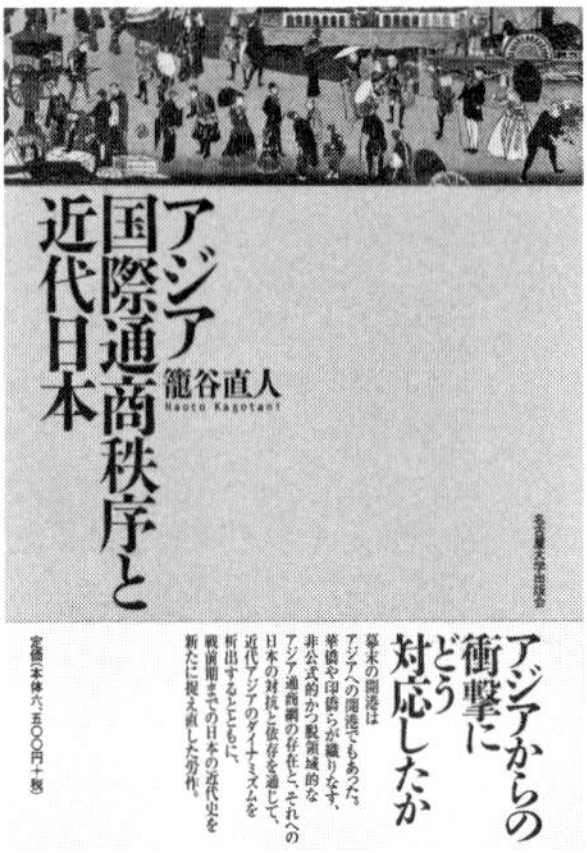

覚えました。もちろん、さらに中国に近い九州は長崎の話も出てきました。

大きな概念ではなく、実態に即した具体的なつながりを拾い上げていくことでアジアを捉えることができるのではと、ようやく私も思いはじめました。そしてしばらくして――このしばらくは、たぶん何年かかかっていると思いますが――、この考え方が、経済・経営史だけではなく、自分の好きな文学や文化の領域にもあてはめることができる、というか平行する現象を見つけることができるのではないか、とも。

その後、この論文の著者の籠谷さんとはさらに仲良くなり、あれこれ議論をするうちに、本を書いてもらうことになりまして、『アジア国際通商秩序と近代日本』という本を二〇〇〇年に出版しました。これも科研費を受けて出版した比較的地味な（一般的な観点からは、ということですが）研究書です。ちなみに本体六五〇〇円、初刷一二〇〇部で、現在第二刷一三〇〇部くらいです。

籠谷さんとの付き合いからはその後ほかにもいくつかの本が生まれましたが、一つだけ紹介しておきます。――籠谷さんの「アジアからの衝撃」という考えは、そのころ東京大学にいて東大出版会から『近代中国の国際的契機――朝貢貿易システムと近代アジア』という本を出しておられた浜下武志先生の影響を受けたものだということを知りました。そして、たぶん籠谷さんに教えてもらったのだと思いますが、黒田明伸さんという人の書いたこの本への書評を読むことになりました。これも、難しいけれど惹かれるものを感じまして、当時黒田さんは名古屋大学にいたのですぐ会いにいって、書評はよくわからなかったけれど、わからないなりに読みました、こんな意味ですか、というようなことを言いました。黒田さんの文章はとにかくスピードが速くて、癖もあるので、なかなか人に、つまり研究者仲間にちゃんと読んでもらえないと、ご本人が嘆いていたところに、まったくの門外漢がそんなふうに読んでいったものですから、とても喜んでくれまして、結局それがきっかけになって一九九四年に『中華帝国の構造と世界経済』という本を出版しました。実は私、このかん中国史や中国関係の本をかなり出版しましたが、これが自分にとっては初めての中国史の本です。この本の出版には名古屋大学出版会の学術図書刊行助成という制度を使いました。本体六〇〇〇円、初刷八五〇部、現在第四刷一九〇〇部くらいです。それからこの本はサントリー学芸賞を受賞しました。まァ、この話を挟みましたのは、実はちょっとそれを自慢したかったからでもありますが、それだけではなく、企画に限らず編集というのは、とにかく自分なりにしっかり読むことが基本ではないかということを確認したかったわけです。あたりまえのことですが、あたりまえのことほど難しいこともありません

ので、自戒の意味もこめてということで。

ちなみに二人とも名古屋を去りました。黒田さんは出版後しばらくして東大に、籠谷さんは出版を進めている途中で京都大学に。名古屋というのは、優秀な人が来ては去っていく場所でして、私としましては、そうした移動を積極的に捉えることにしています。また新たな人と知り合えますし、名古屋を離れた人とも関係が切れるわけではありませんから、つき合いも広がるわけです。でも、いつもちょっとさびしいのも、ほんとうのところです。

4　長い長い因縁話（2）——文学への転位

さて、先ほど「アジアからの衝撃」という考えの、好きな文学への応用と言いましたが、実はこの点はかなり大事だと思っています。今回の話の冒頭で専門家と非専門家ということも言いましたが、とにかく編集者とは非専門家であります。しかし、非専門家であるがゆえに、一つの分野にとどまらない、いろんな分野の本をつくります。それがどの程度の範囲にわたるかは、その編集者の働いておられる環境によるところも大きいと思いますが、おおざっぱに考えて大学出版の場合、大学で研究されているすべての分野の本を出す可能性があるわけです。そしてその一方で、編集者の数はごく限られていますから、一人のカバーする範囲は相当広いはずです。私の勤めている名古屋大学出版会のような、編集者が四〜五人しかいないところでは、かりに担当分野を決めるといってもごく大まかにしか決められませんし、しかもおもしろい企画はしばしば分野と分野のあいだの境界領域で生まれることが多いので、担当分野はあくまで目安にすぎません。人数が少ないのでそれでも十分調整が可能なのです。個々の編集者にとっては、カバーする分野が広いということは、ある面ではシンドイわけですが、それを積極的に生かしていくことが大事だと思います。専門家というのはその分野のことはよく知っていますが、その専門を離れると近い分野のことであっても驚くほどご存知ありません。ところが、非専門家である編集者の方は、複数の分野で仕事をするので、多少ともいろんな分野の事情を知りうる立場にあります。それを生かしていくわけです。つまり、Aという分野で新たなおもしろい問題が出てきたとして、Bという分野でもそれと同様の問題が考えられるということは結構あるもので、それを企画に生かしていきます。今の場合は、経済・経営史の分野で新鮮に感じられた問題が、文学の領域でもあてはまるのではないか、と思ったわけです。キャッチフレーズ風に言いますと、文学における「アジアからの衝撃」を探せ、ないしは文学における「華僑商人」を探せ、ということになります。

ようやく少しずつ『漢文脈の近代』に近づきつつあるわけですが、でも、まだもうちょっとかかります。

そこでまずは、平行する現象を調べてみようと思って、休みの日に手元にあった本を調べてみたり、昼休みに図書館であたってみたりしました。その中で役に立ったものを一つだけあげますと、ドナルド・キーンさんの『日本文学史　近代・現代篇一』(1984)。「明治の漢詩文」というタイトルの第二章にあった、「漢詩が明治初期ほどさかんに書かれたのは、平安朝いらいおそらく皆無だったはず」という文章や、来日した清(中国の清朝ですね)の詩人たちと日本の文学者たちとの交わりについての記述、あるいは中国に出かけていった日本人の漢文の紀行文についての記述などを読んで、文学の領域でも「アジアからの衝撃」や「華僑商人」と平行する現象があるのだということを確信しました。ちなみにこのキーンさんの本は、『漢文脈の近代』の第6章(後で掲げる目次をご覧ください)「小説の冒険」で扱われる明治の政治小説や第9章「越境する文体」で扱われる翻訳の問題も当然のことながら論じており、後者の章の主人公・森田思軒にも言及があります。この森田思軒、新聞にもいろいろ書いて翻訳もしてという人ですが、キーパーソンですので、憶えておいていただければと思います。

そしていよいよ、誰かこのテーマでいい本を書いてくれそうな人はいないか、と考えはじめました。

5　長い長い因縁話(3)——著者を求めて

ところがここで壁につきあたります。調べものをするのと並行して、書き手にも目星をつけていこうとしましたが、なかなかピンとくる人が見つかりません。知り合いの文学関係の著者に話をしてみて、誰かそういうことをしている人がいないか聞いてもみましたが、あまり関心を示してもらえなかったり、おもしろそうだが大変な作業なのでやっている人は少ないのではということで、調べものの中であまり感心しなかった人の名前が、しかもあまり肯定的ではない形であがるといった具合でした。それでちょっと手詰まりになってしまいまして、その時点ではあまり無理をせずに、しばらく置いておくことにしました。もちろん、あきらめたわけではなく、そのうちに何らかの形で必ず実現するつもりで、胸にとどめておいたわけです。とにかく、ピンときていない人に執筆をお願いしたりはせずに、チャンスを待とうということです。

そしてたぶん一、二年たってから、日本近代文学の研究者で以前に『不如歸の時代――水底の漱石と青年たち』という本を書いてもらってお仕事ぶりが好きだった藤井淑禎先生――このかたも名古屋の東海女子大学から東京の立教大学に移られましたが――にお会いした際に、この話題にふれますと、自分は以前に森田思軒についての論文を書いたことがあると言われます。残念ながらその論文は読んでいませんでしたが、たしかに『不如歸の時代』の奥付の著者紹介にはそんな論文名があがっていたことを思い出しました。とにかく藤井先生のお仕事からはちょっと思いつきませんでした。「灯台下暗しだ」と思いながら、いささか興奮しまして、このテーマのイメージを自分なりに一生懸命しゃべって、その論文の延長線上に本を書いていただけないかと、一気にお願いしました。

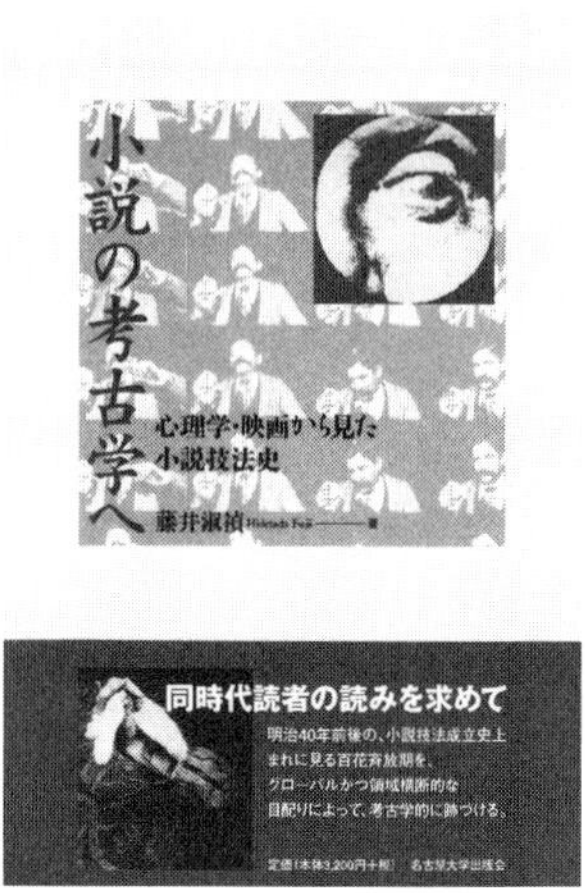

しかし、これが大失敗でした。しばらくして藤井先生から、「森田思軒の出発」という論文のコピーといっしょに、自分にできるとすればこんなことという形で、本のイメージを書いたお手紙をいただきました。けれども、それは私がお伝えしたつもりだった本のイメージとはおよそかけ離れたものでした。悩んだ末に、やはりそれは自分がお願いしたかった本ではないということでお断りとお詫びの手紙を書きました。たいへん申し訳ない思いでした。ただ、藤井先生は寛容なかたで、そのことでかえって信頼してくださって（と私は勝手に思っているのですが）、その後、まったく別の新しい本の企画ができ、二〇〇一年に『小説の考古学へ――心理学・映画から見た小説技法史』として出版しました。これも科研費の刊行助成を得て出したものです。本体三二〇〇円、初刷一五〇〇部、現在九〇〇部です。

さて、軽率に依頼して大失敗をしてしまいましたし、これでまた振り出しに戻ってしまったわけですが、これでめげては編集者魂がすたるというものです。とにかく、日ごろ思っていることとしまして、そもそも自分の考えつくようなことは、どこかで必ず誰かが考えていて、やっているはず、ということがあります。たしかに、完全にぴったりその通りということはないかもしれませんが、それはこちら側でもはじめから、隅から隅まで本のイメージが出来ていることなどありえませんから、お互いさまです。

藤井先生の場合には、かなりの距離があったので、申し訳ないことをしてしまったわけですが、しかし、今のように、ある問題を別の領域に移して考えてみようというような企画の場合、あまり強く平行性を追求すると、うまくいかないのではないかと思うようになりました。

より一般的に言っても、企画の核心部分についてさえ、著者とのあいだで、ある程度のズレはあるものです。要するに、思うようにはなかなかいかないわけですが、それはそれでいいのではないでしょうか。今回の『漢文脈の近代』でも、そうです。最初に著者の齋藤さんに本のイメージをしゃべった際、ずいぶんと熱をこめて話したつもりですが、齋藤さんの方ではすっかり忘れているのかもしれません。でも、それならそれでいいのです。

6 長い長い因縁話（4）――論文「小説の冒険」

しかし、まだその齋藤さんにたどりつくいきさつをお話ししていませんでした。

実は藤井先生の件がある前に、齋藤さんの論文――今回の『漢文脈の近代』のいわば「臍」になっている「小説の冒険」というタイトルをもつ第6章、明治の政治小説の中国語訳を扱った論文ですが――は知っていたのです。知っていたと言うと正確ではありませんので、それについて少し説明しますと、私は、ほかの出版企画のために雑誌や紀要から論文をコピーする際に、その雑誌の目次に載っている論文名くらいは、なるべく眺めておくようにしています。しっかり記憶するということはできないのですが、何かのきっかけがあったときに思い出すことができる場合がたまにあるのです。

これは昔、テレビの刑事ドラマ『古畑任三郎』で犯人の古道具屋が、古道具屋の商売にとっての「捨て目」、つまり古道具を仕入れにいった際に、最後にもう一度そこにある道具をひとわたりちらりと見るという行為ですが、その「捨て目」が大事だということを言っていたので、真似したものだったかもしれません。

齋藤さんの論文もそんな形で記憶のどこかにあったのですが、「経済・経営史」における「アジアからの衝撃」の構図との平行性に強くこだわっていたときには、「明治の政治小説の中国語訳」つまり日本から中国へのインパクトを扱っているように思えたこの論文は、方向が逆ではないかと感じてしまっていたようです。ところが、その平行性をゆるやかに考えようと思いはじめると同時に、意識にのぼってきたのです。

その論文が載っていたのは、京都大学人文科学研究所の紀要『人文学報』で、先ほども言いましたように、ある本、具体的には石井三記先生の『18世紀フランスの法と正義』という本ですが、これに収めることになった論文をコピーする際に見たのではなかったかと思い出しまして、図書館でバックナンバーを調べてみたところ、同じ巻に綴じてあった号にやはり見つかり、さっそくコピーをしました。ちなみに、この『18世紀フランスの法と正義』は一九九九年に刊行しまして、初刷が一〇〇〇部、現在第三刷で一九〇〇部。これも科研費の刊行助成を受けています。『漢文脈の近代』とはまったく関係のない分野のもので、たまたま紀要の上で近くに載っていたというだけのつながりです。

それで、齋藤さんの論文のコピーを読むとたいへんおもしろくて、力のある書き手だということをかなり確信しましたが、その論文が次にどんな方向に展開していくのかはまだわかりませんでした。

ちょうど『人文学報』には、その年に人文研で行われた共同研究の簡単な情報が載っていることもわかりましたので、比較的最近の号で、当時助手をしていた齋藤さんがどんな研究班に参加して、どんな報告をしているかを調べました。

さらに、論文を読んで力があることを確信しても、たんなる独りよがりの思い込みに陥らないように、なるべくそれを客観化するように心がけています。今回の場合ですと、具体的には、齋藤さんの仕事の評判を聞くということをするのですが、本人の知り合いにこの人は優秀かと聞いてもなかなかほんとうのことはわからないので、こういうテーマに関心があるのだが、

と話題を出して、名前があがってくるかどうかを確かめるようにしました。それでうまくいかないときは、たしかこんなことをやっている加藤だか、齋藤だかいう人がいるように聞いたが、とトボケて言ってみて、どんな反応が返ってくるかを探りました。それは同時に、このテーマについて研究者の関心をたしかめる、いわば二回目の調査にもなりました。最初にこのテーマについて研究者に尋ねてみたときからは、何年かがたっていましたが、返ってくる返事からも関心の度合いが高まっていることがうかがえました。

また、齋藤さんの仕事について、「よし」と思える感触をつかんだことは言うまでもありません。

7　ようやく著者に会う

しかし、実はここからまた数年の時間があいだにはさまります。それはこの企画にはまったく関係のないことなので簡単に言いますと、私の出版についての師匠であり上司でもあった後藤郁夫さんというかたが（ものすごい名編集者ですが）体調を崩されて会社をやめられまして、私もいろんな点でぎりぎりの状態に追い込まれて、まったく余裕がなくなってしまったのです。

とにかく、嵐といいますか洪水といいますか、そんな数年を経まして、瞬間的な余裕が途切れ途切れに出来るようになりますと、その一つをつかまえて齋藤さんのいる京大人文研に電話をしました。ところが齋藤さんはもうそこにはいないということです。そこで人文研の知り合いに、どこに行ったか調べてもらったところ、奈良女子大学に転出したということがわかりました。さっそく奈良女子大学に電話して、ようやくつながりました。そして、数日後に京都駅で会うことになりました。齋藤さんと会うなり、なんだか昔からの友達のような気がしてきまして、本のイメージを一生懸命しゃべったことは先ほども言った通りです。もちろん執筆を引き受けてくれました。いやァ、さすがにうれしかったですね。

齋藤さんの方は、一年ほどして今度は東京の国文学研究資料館へ、そしてその次は東大駒場へ異動しましたが、とにかく日本国内ならどこへでも追いかけていきます。

そうこうしているうちに、しかしまたあっという間に時間が経ちました。『漢文脈の近代』の「あとがき」によるとどうも四年くらいのようです。とにかく学術書は時間がかかるのです。

しかし、この点についてもひとこと申しておきますと、規模の大きな出版社でしたら、何年かで社内の異動があったりして、もしそれに間に合わなければ、担当者が替わったり、企画が消滅したりするといったこともあるようですが、そこは私どもは零細企業でして、めったなことでは担当者が替わらないメリットを生かしています。

そして編集者ががんばって企画をたくさんつくれば、そのぶん著者に余裕をあげることもできます。もちろん、「ここ一番」という時に締切を延ばしてしまうのは問題外だと思いますが。

ちなみに、一昨年くらいから一三年かかった本や、八、九年かかった本が連続して出来上がりまして、ついしみじみしてしまいました。

8　目次案——論文集をつくる

そしてここから少しだけ、『漢文脈の近代』の中身や編集プロセスに関わる部分についてお話ししていきたいと思います。
そのためにここで目次を掲げておきます。

第Ⅰ部　〈支那〉と〈日本〉
第1章　文学史の近代——和漢から東亜へ
第2章　「支那」再論
第Ⅱ部　梁啓超と近代文学
第3章　新国民の新小説——近代文学観念形成期の梁啓超
第4章　「小説叢話」の伝統と近代
第5章　官話と和文——梁啓超の言語意識
第Ⅲ部　清末＝明治の漢文脈

この目次をご覧いただきますとおわかりになりますように、この本は四部構成になっていまして、その第Ⅱ部は「梁啓超と近代文学」と題して、明治の日本に亡命した清末の知識人・梁啓超という人が日本の政治小説を手がかりに新しい文学概念をつくりあげていった様を扱っていますが、実はこの部分は最初、この本に収めるつもりではありませんでした。それは、私の方が、ゆるやかに考えるようになったとはいいましても、まだまだ「アジアからの衝撃」つまり「アジアから日本への衝撃」という図式にどこかで囚われていたからだと思います。

齋藤さんの方はこの本のテーマに関わる論文を少しずつ書いていってくれていたのですが、本全体の骨組みがいまひとつ定まらずにいました。訪ねていっては「ぼちぼち」「そろそろ」といった話はするものの、具体的にはなかなか刊行のめどが立ちませんでした。そこで私はだんだん、それが梁啓超についての論文を外そうとしていることに原因があるのではないかと思いはじめ、論文をもう一度読み返したりしているうちに、自分が無意識のうちに日本を主体においてこの本を考えようとしていたことに気づきました。日本が衝撃を受けるという形で、いわば受動態の主語だったので気がつきにくかったのですが、よく考えてみるとやはりそうでした。そしていったんそう気がついてみると、それにこだわる必要がないこともわかり、むしろウェスタン・インパクト＝西洋の衝撃のもとでの日本と中国の相互作用をこそ主題にすべきだと思うようになりました。そして齋藤さんの論文の強みの一つはそこにあったのです。

そこで、梁啓超の論文を含めた形で目次を考えまして、駒場の研究室を訪ねていって、齋藤さんに提案してみました。齋藤さんも梁啓超の論文を本に入れたいと、たぶんずっと思っていたのだと思います。その場で今の目次がほぼ固まりまして、一気に刊行に向けて動き出しました。

ちなみに、この目次を考えられるようになったのは、論文集的な本のつくり方のおもしろさを少しおぼえたせいでもあります。出版の仕事を始めた頃は、本というものはすべからく、最初から最後まで一貫した論述ないし語りのもとになければならず、論文集というものは、それができなかった不完全な書物だというふうに考えていました（実際、そういう本も多いのですが）。しかし、そうすると、現段階でベタッと書けるテーマ以外は、非常に扱いにくくなります。そしてまさしく今回の『漢文脈の近代』のテーマはベタッと書けるようなものではなかったわけです。ですから、まずはこことここは間違いがないという部分的な輪郭を描いてみること、そしてそれを一貫した方法と文体で行うこと（それを書評者の武村知子さんは「プレパラート」と表現してくれましたが）、そうすることによってかなり曲がりくねった細い道も示すことができますし、しかもそうしながら、読者にこのテーマ全体の輪郭を予想させることができるのではないか、そう考えるようになったのです。

ともかく、これで目次がほぼ出来ました。その目次でいきますと、英語で発表された論文を一つ日本語にするほかに、あと二つの章と序章を書いてもらえばよいことになります。そのうちの一つは（やや予定とは形が変わりましたが）比較的順調にできた第11章で、もう一つが第9章の森田思軒論です。

9　原稿の編集過程——時間との戦い

最初に申しましたように、齋藤さんの本は科学研究費の刊行助成を申請しました。大学出版部の皆さんはご存知ですが、学術書の出版に対する国の補助金制度で、正式名称は「研究成果公開促進費「学術図書」」。まったくオープンなものです。そして日本のように民間の出版助成制度が少ないところでは、学術書出版にとってなくてはならないものです。とにかく毎年一一月に申請をしまして審査を受けて翌年四月に助成がおりることが決定しますと（もちろん落ちることもありますが）、次の二月末までには必ず出版しなければなりません。つまり、いったん申請をすると、あるいは助成が決定すると、時間との闘いが始まるのです。

齋藤さんの本の場合、第9章にした書下ろしの森田思軒論以外の章は論文としては出来上がっていましたし、全体を大きく修正する必要もないと思っていましたので、スケジュール的にはそれほど心配していなかったのですが、これが誤算でした。ほんとうに誤算ばかりですが……。四月に助成が決定するまでには、森田思軒論も含めてすべての原稿が完成するはずが、四月になっても、森田思軒論はもちろん、残りの原稿のまとめも済んでいない状態でした。大学の方が忙しかったとのことでしたが、ほんとうかどうか、それをたしかめても仕方ありません。私の方もいささか慌てて、とにかく夏までには森田思軒論以外の部分を完成させて、大学の夏休みのあいだに森田思軒論と序章を書き上げてもらう、というスケジュールを考えて提案しました。齋藤さんもそれなら大丈夫とのことでした。

しかし実際には、夏前どころか、九月の初めになってようやく森田思軒論を除く部分の原稿が仕上がって、それは先に印刷所に入れて進めていくことにしましたが、さて森田思軒論はというと、齋藤さんの方では、なんとギブアップさせてもらえないかという話です。

しかし、森田思軒については、藤井先生にお願いしたときにうまくいかなかったリベンジということも多少あったと思いますが、それ以上に、この企画のはじめからキーパーソンになるだろうと思っていた人物です。特に西洋との関係も射程に入れたときに、漢文脈に新しい次元を切り拓こうとした森田思軒についての章は、この本になくてはなりません。この森田思軒論が勝負どころのわけです。そんなことは齋藤さんも十分承知していたはずでした。いや、わかりすぎるほどわかっておられて、本が出来た後で齋藤さんに聞いたところによりますと、実は夏休みのかなりの部分を森田思軒論の執筆にあてたのだけれど、そのときにはどうしてもうまく書けなくて、それであきらめようと思ったとのことでした。でも、それをメールで私に伝えたところ、私がこの点については絶対にゆずりそうもない、とても恐ろしい返事をよこしたので、もう一度挑戦してみた、そうしたら「翻訳」という角度から糸口が見えて、今のものの原型が出来上がったということでした。私の方はそんな事情は知りませんでしたので、本文が遅れたあげくに森田思軒論をあきらめようなどとはどういう了見だ、しかもそんな大事なことをメールで言ってくるとは！と、だいぶ腹を立てたのですが、とにかく待ちますということで、一方で校正を進めながら、九月末、一〇月末と延びていって、たぶん森田思軒論の第一原稿が出来上がったのが一二月初めだったと思います。メールで送ってもらった原稿を、すぐさま読んでみますと、非常に完成度の高い力作で、待った甲斐がありました。詳細は端折りますが、中核部分の議論で二様に読めてしまうところがあったものですから、それについてコメントしたメールをこれまた一生懸命書いて、返事としました。また、最初はこの章を本論の末尾に置きたいと齋藤さんが言っていたのを説得して第Ⅲ部の末尾に置くことにしました。それを受けて最終原稿が来たのが一二月半ば過ぎ、序章も同時だったでしょうか。ともかく、この森田思軒論の完成で、「よし、この本は出来た」と思いました。

それを見事に、書評で評価していただいたのが、最初の方で紹介した武村知子さんです。長文の書評の後半三分の一を使ってこの章について述べて、「私にとっての圧巻は第9章（つまり森田思軒論）だった」と書いているのを読んだときには、思わず泣けてきました。私は、編集という仕事は一粒で三度おいしいという「説」を唱えていまして、その一つが著者と企画の話がまとまったとき、第二がいい原稿をもらったとき、第三が本が出来上がったとき、だと言っているのですが、この武村さんの書評を読んだときには、あァ、これを読むためにこの本の出版をしたのかなァ、と思った次第です。

10 そのほか三つほど——装丁・タイトル・文章

ここで話を終わってもいいわけですが、あと三点だけ。

一つは、装丁の書名の文字で、これは宋朝体を使いたいという齋藤さんの要望によるものです。最初それを聞いたとき、宋朝体は細いフォントしかないので、と断ろうとしましたところ、最近リョービというメーカーから太字のものが出たということを逆に教えてもらいました。調べてみると、花胡蝶という書体で、これなら使えそうです。さすがに銅板印刷にまで目を配る人だと、齋藤さんのこだわりに脱帽しました。ちなみに、もともとデザイナーから上がってきた案では、正題に紅蘭楷書体が使用されており、全体の色合いも赤と黒から成っていました。それを、タイトルの書体を変えてもらい、色についても、「漢文」にまつわる古臭いというイメージを払拭するために、グリーンを基調に修正してもらいました。そうして出来上がったものが冒頭に掲げたカバーデザインです。

二つ目は、書名についてですが、これも齋藤さんにほとんど全面的に負っています。最初、第1章の副題となっている「和漢から東亜へ」といったものも考えていたのですが、図式的でもあり、全体をカバーするものでもないので、メールでああでもないこうでもないとやっていたところ、齋藤さんが考え出してくれました。副題は最初、「清末＝明治のエクリチュール」だったものを、私が「エクリチュール」の部分に反対しまして、結局いまの「文学圏」に落ち着いたのだったと思います。

三つ目は、文章家の齋藤さんということで、これは武村さんも書評で書いてくれていますが、実に嫌味のない晴れ晴れとした文章を書かれています。これはぜひ本を読んでみてください。これも本が出来てから齋藤さんに聞いて驚いたのですが、第一草稿は必ず手書きで書くそうです。これはコンピュータが苦手ということではまったくなく、いわば滑った文章、饒舌なだけの文章にならないようにするためだということでした。これにはとても感じるところがありまして、言いたいこともありますが、これ以上はやめておきます。

おわりに――出版企画の点と線

　さて、いよいよ終わりです。ちょっと『トリストラム・シャンディ』みたいに、脱線だらけのお話になってしまいましたが、その作者のローレンス・スターンが小説とは実はこんなものだと言いたかったように、出版企画というのも、こんなに脱線だらけのものでもいいのではないかと言いたかったわけです。

　それでも今回は、なるべく整理してお話ししたつもりで、最初に申しましたように実際にはほかの多くの出版企画や原稿・ゲラと錯綜しあって、もっともっと断片的な感じです。また、この本自体についても、もっともっといろんな思いのベクトルが入りこんでいます。

　ともあれ、お話ししてきましたことのすべては、私の師匠の後藤郁夫さんに教えてもらった考え方――つまり、世の中に耳を傾けて、自分がこれは大事だ、これはおもしろいと思ったところに一つひとつ、しっかり点を打っていけば、さしあたってはどんな結びつきがあるのかわからなくても、やがていくつかの線が見えてくるはずだ、という考え方ですが、その応用といいますか、それをそのまま実践したものです。そして、これが今回の話のまとめでもあります。

第3章　審査とは何か――企画・原稿の「審査」をどう考えるか

はじめに

今回は、日本の学術書出版社、とりわけ大学出版部において、出版企画や原稿の「審査」をどう考えていったらいいかということで、これまで実際に編集の仕事をする中で考えてきたことを、少しお話ししてみたいと思います。

ここに二つのレフェリーペーパーがあります。一つ目はとても参考になった素晴らしいペーパーで、研究者への敬意を新たにしたというものです。二つ目は明らかにかなりバイアスのかかったもので、残念ながら研究者の視野が狭く不公平でもありうることを示しています。今日の話は、こういう両極端の可能性のあるものとどうつき合っていったらいいか、また、レフェリーによる査読ができないことも多いですから、そのときどうやって「審査」をしたらいいか、ということが言えたらいいなと思っています。研究者の公正さをひたすら信じてとにかく査読をしましょうといった、教科書風の、通り一遍のことではなく、教科書の比喩で言えば、実はうまく書けていなくて致命的な誤解を与えそうな点とか、教科書通りにならない時・できない時にどうしたらいいかとか、さまざまなケースがあるはずですから、それらに対応するには、基本のところで「審査」をどう考えていったらいいのかということを一緒に考えてみたいわけです。

もちろん「審査」とひと口に言っても、さまざまな要素が含まれていて、たとえば、いわゆる文系の本と理系の本とでは違う部分があるでしょうし、出版社の規模や、大学出版部なら設置形態といいますか大学との関係のあり方によっても、いろいろ異なってくる部分があるはずです。

ですから、今回の話では、まずなるべく一般的に、アメリカの例なども参照しながらこの問題について考えるための土台をつくり、だんだん話を具体化していって、最後にまだ余裕があれば、もう少し個別的な問題にもふれてみたいと思います。

あらかじめ言っておきますと、なにか特別な「秘密の方法」についてお話しするわけではありません。なにか絶対確実で安全・安心な方法があって、それについてお話しするわけではなく、ふだん自分たちがやっている、少なくとも部分的にはやっていることを、どのように考えていったらいいかということについてしゃべってみたいと思っています。そして、メッセージとしては、一〇〇%正しいということも一〇〇%間違っているということもない中で、絶対確実な安全・安心を得ようとすればかえって失敗する、リスクは必ず存在しますからそれを大なり小なり自分たち自身で引き受けることが大事だ、ということになると思います。
では本題に入っていきます。

1　学術書の信頼性と「審査」

（1）学術書の信頼性

さて、「審査」は何より学術書の信頼性に関わる問題です。

ここで信頼性というのは、出版する本のクオリティをその出版社が保証するということです。これは必ずしも、学術書の出版社に限られる問題ではなく、よく「あの出版社の本はおもしろいぞ」とか「あそこからはいい本が出てるね」とかいわれるように、すべての分野の出版社にあてはまる問題です。出版社は、出版企画や編集のプロセスを通して、それぞれできるだけ高いクオリティの本、つまり「いい本」を出版していこうとします。こういう出版社の仕事を指して、その本の「信頼性を保証する」はたらき、さらに進んで「信頼性をつくり出す、創出する」はたらきという人もいます。その人とは実は東京電機大学出版局におられた植村八潮さんで（植村 2010a）、私も賛成ですが、とにかくこういうはたらきの結果、読者の信頼が得られていけば、出版社の評判といいますか、暖簾・ブランドといいますか、そういうものが形作られていくことになります。○○大学出版会の本はハズレがないとか、あそこから本を出したいとか、そういうふうに思われるということです。

この信頼性の創出という営みは、もっと広く言えば、出版社の企画・編集を通して、選別され・練り上げられ・磨き上げられたテキストを、それ以外のテキストと区別できるようにすることによって、つまり、信頼できるものと、信頼できるとは限らないものを区別できるようにすることによって、社会にとっての価値を生みだし、それを通して市場価値、ないしは商品価値も生みだしていくということです。

この区別は、現在のように、ネット上で無数の、雑多なテキストにアクセスできる状況にあっては、逆に、大きな価値の源泉になりうるものですし、これからさまざまな形での、電子出版も含む出版のあり方を考えていく上でも、ますます重要になってくる大事な点だと思います。植村さんも信頼性について「デジタル化された書籍であろうとも、変わることのない書籍の本質的な価値」と言っています。出版においては、何でもかんでも出すことが善ではなく、信頼できるいいものだけを出すことが善なのです。

こうした信頼性の創出という営みのうち、出版企画や原稿の内容の検討に関わる部分に、いま問題にしている「審査」は位置づけられます。そして学術書の場合、当然この信頼性の創出は、まずもってその本の担う学術的な価値の保証ということになりますから、「審査」はこの点を中心に検討することになります。学術書出版社の果たすこの役割を、一橋大学の佐藤郁哉先生たちは、『本を生みだす力――学術出版の組織アイデンティティ』(2011) の中で「知のゲートキーパー」、つまり知の門衛・門番、の役割と表現しておられました。

実は私はこの比喩にはかなり違和感を覚えるのですが、それについてはまた後でお話しすることにします。いま強調しておきたいのは、学術書の企画・編集での「審査」と言うと、すぐにレフェリーによる「査読」とイコールで結びつけてしまいそうになりますが、そうではなく、「査読」はあくまで「審査」の一つの手段にすぎないということです。つまり、学術書の信頼性をつくり出すための企画・編集のプロセスの中の一部分として「審査」というものがあり、次にその「審査」のための手段や方法がいくつも考えられて、「査読」はそのうちの一つだということです。図で示すと次のようになります（図3－1）。

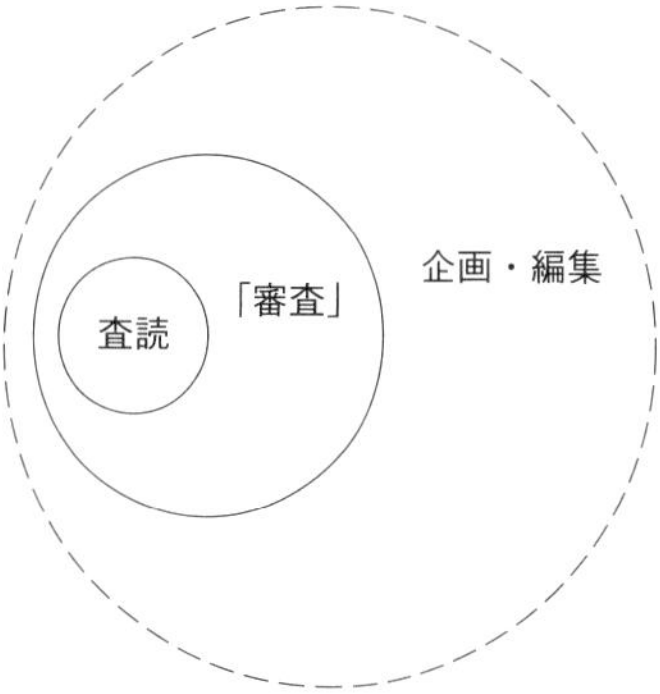

図3－1

言うまでもなく、アメリカの大学出版部の実績からしましても、「査読」は非常に強力で効果的な方法なのですが、一方で限界やデメリットもありますし、いつも使える、あるいは使うべき手段だとは限りません。あたりまえのようですが、うっかり「審査」イコール「査読」だと思いこんでしまうと、「査読」という手段が使えないときにどうしたらいいか途方に暮れることにもなりかねません。また、後で言うように、日本の大学出版部が置かれている現在の環境からしましても、この点をしっかり認識しておくことはかなり重要ではないかと思います。

ですから、「査読」については、とても有効な方法なので、使えるとき・使うべきときには、その限界やデメリットをふまえてうまく使っていく、しかし、そうでないときには、別の方法を考える、というのが正しい態度です。

そして、「査読」をひたすら「いいものだ、素晴らしい」とばかり言っていては、いくらいいものでも、ほんとうにはよくわからず、うまく使えなかったり、あるいは無理やり使おうとして、反対の結果を招いたりしかねませんから、この後は、むしろ限界やデメリットに注目することで、「査読」を含む「審査」を行っていく際の、考え方や注意点を見ていきたいと思います。ですから、いっけん否定的な言葉が並んでしまうところでも、必ずしも「査読」がダメだと言っているわけではないことをご理解願います。しかし、まずはもう少し、「査読」がどのように考えられているのかを、注意点にもふれながら見ておくことにしましょう。

（2）ピアレヴューと査読

さて近年、こうした問題は、ピアレヴュー、つまり同業の研究者どうしによる評価という文脈で議論されてきました。ピアレヴューは、たとえば研究助成や出版助成の審査から書評[*1]まで含みうる、対象の広い概念ですから、いま言っている「査読」は、その中に一部分として含まれることになります（図3−2）。

一方、先ほど言いましたように、学術書の「審査」は、「査読」とイコールではなく、しかも、専門研究者だけではなくわれわれ編集者も関与するものですから、ピアレヴューの中にすっぽり収まるものでもありません。先の図3－1と図3－2を合わせて示すと次のようになります（図3－3）。

結論から先に言ってしまいますと、私は、学術書出版における「審査」は、査読を含むピアレヴューに一〇〇％従うということではないと思っています。それはこの図3－3で言えば、「審査」のマルがピアレヴューのマルの中にすっぽり収まっていない、はみ出ているということで示されています。またこの図で、網掛けの部分は、査読以外の「審査」方法で、かつ同業の研究者が関与する部分、ということになります。

図3－2

これらが具体的にはどういうことか、というのをこの後お話ししていくことになります。そしてここから先は、「査読」という言葉を、「出版のための（つまり、出版前の）完成原稿の、専門研究者による審査」を指したい場合にだけ使うことにします。

二〇一二年に慶應義塾大学出版会から翻訳でジャマーノ編集長（コロンビア大学出版局などで活躍）の『学術論文出版のすすめ』という本が出版されましたが、そこでも紹介されているように、アメリカの場合ですと、このピアつまり同じ専門の研究者による査読のシステムがかなり徹底しています。先ほどふれた佐藤先生

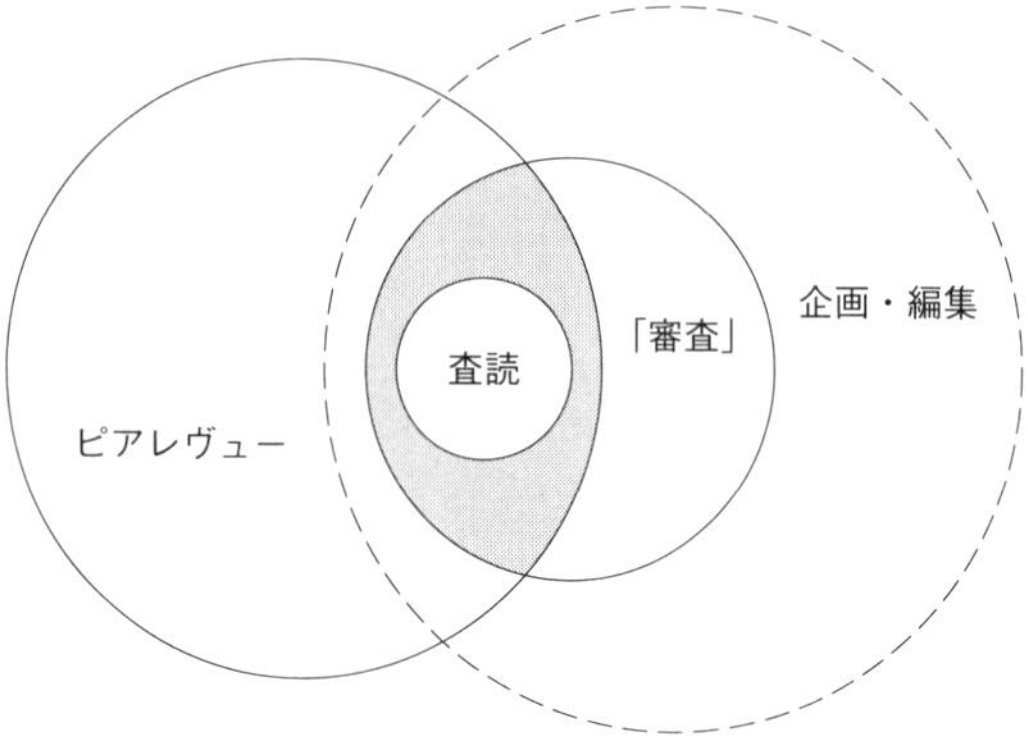

図3－3

たちの『本を生みだす力』でも、アメリカの大学出版部から刊行される専門書＝モノグラフは、「編集者→専門研究者による査読→編集委員会」という三つのチェックポイントを通って刊行が決定される、と書かれています。そして、このプロセスの中では「専門研究者による査読」のウェイトが大きいために、そうした研究書は「専門家が専門家に向けて、専門家の審査を経て発表する本」という位置づけになり、たとえ大学出版部という出版社から刊行されていても、専門家集団が専門家集団のために刊行している、という色彩が強くなるとされています。ですから、専門家集団の内部での出版物と捉えることもできて、その意味では学会誌＝ジャーナルに近いというわけです。が、この考え方に対しても私は違和感を覚える部分があります。

その話をする前に、いちおう、この三つの「チェックポイント」がどう捉えられているかをそれぞれ見ておくことにします。ジャマーノ本では、査読を行う専門研究者を「レフェリー」ではなく「リーダー」と呼んでいまして、「リーダー」

は必ずしも、査読原稿の専門分野に狭く限定された研究者だけではなく、実際には、その範囲を超えて、かなり幅広い原稿の査読を、しかも頻繁に依頼されている人もいるようです。こういった人はいわば部分的な専門家になるわけですが、こういう広い範囲をカバーしてくれる研究者がいることが、この制度を実際に動かしていくためには必要だろうというのは、直観的にもよくわかるのではないでしょうか。

一方、編集者の方は、こういうリーダーないしレフェリーによる査読の前提となる、原稿の検討や下読みをして、査読に回すべき水準の原稿かどうかを見極めること、そして査読に回すことにした場合に、どの研究者にレフェリーを依頼するかを決めることが、中心的な役割だとされています。というよりも、審査に関しては、この二つの役割にほぼ限定されていると言った方がいいかもしれません。ピアレヴュー、つまり同業の研究者どうしによる評価、という言葉に忠実であろうとすれば、編集者は定義上その言葉の外に位置づけられますから、ある意味では必然的な結果だと言えるでしょう。しかし私は、審査における編集者の役割をこのように限定することにも疑問を感じますし、それについてはこの後でお話ししていきますが、今そのこととは別に確認しておきたいのは、日本でも実際に専門研究者による査読を行おうとすれば、編集者の段階での原稿の検討によって、明らかにレベルの低いものをハネること、それによって、研究者に無駄な負担をかけないことや、自分たちの方でも余計な手間ヒマを省いていくことが大切ですし、一方で、誰にレフェリーを依頼するかが、査読にあたっては一番大事なポイントになる、ということです。

三番目の、「編集委員会」については、ジャマーノ本ではこの言葉の代わりに「出版委員会」という言葉が使われていますが、日本の大学出版部にあてはめるなら――出版部によって名称や形は異なるでしょうが――、多くの場合、事務局の編集責任者と母体大学の教員を含んで、出版企画を最終的に審議・決定する運営組織とその会議に相当するだろうと思います。

2 ピアレヴューの限界と学術書編集者の役割

(1) ピアレヴューの問題点

さて、査読が実際にアメリカで大きな役割を果たしていることは佐藤本でもジャマーノ本でも強調されていますし、それは間違いのないところですが、一方で、いま紹介したような査読の捉え方・イメージは大きな問題もはらんでいると私は思います。それを説明するために、ここで、査読を含むピアレヴューの問題点を、二つほど見てみます。ピアレヴューの問題点はこの二つだけに限られるわけではありませんが、他の点は、また後でふれたいと思います。ただし、繰り返し念押ししておきますが、だからピアレヴューはダメだと言いたいわけではありません。それとどううまくつき合っていくかが肝心なのです。また、ここでの話も出版に限定します。

何よりも重要な点は、アメリカ式のピアレヴュー制度では、「専門家が専門家のために行う」という力が強く働くために、書籍が「閉じた」構造をもつ傾向があるということです。これは二つの面に分けて考えることができます。

第一に、ピアレヴューでは、専門家集団の承認をすでに受けているアイデアに対して「安全証明」を出すという性格があるため、過去に囚われた「後ろ向き」の評価になりがちだということです。別の言い方をすれば、科学者の専門家共同体という一種の「ギルド」を維持していくために、新しい、つまり、すでに存在する秩序から逸脱するような、突出した研究を排除しようとする傾向が、どうしても生まれるということです（フラー邦訳2009、佐藤ほか2011）。経済学者で、のちにノーベル賞も受賞したサミュエルソンが、論文を何度も査読でハネられたことは、比較的よく知られています。新しいアイデアや、その専門の範囲を超える要素をもった構想、あるいは社会では問題になっているけれどもその専門の中では論点として認められていないようなものを扱うことは、ネガティヴな評価を受ける可能性が多分にあるわけです。もちろん実際の学界には、挑戦的な試みに高い評価を与えてくれる研究者もいます。しかし、出版の可否（出版する／しない）の判断を含む同業研究者による査読を、すべての研究書に手続きとして厳密に義務的に課そうとすると、どうしてもこのような傾向が出てくるということです。その結果、ピアレヴューの効果も、いわば守りの姿勢からかけられた「保険」に似たものになりがちです。

「閉じた」構造をもたらす二番目の理由として、ピアレヴューでは、研究成果を社会に直接評価させるのではなく、同業者の評価が高いことを社会に示してその理解を得るという間接的な方法になっていますから、研究成果自体は社会を意識することが少ないということがあります。そのため、これを研究の「自律性」を守るというふうに奉ってしまって、それだけですべてをすませようとすると、どうしても研究自体が社会に対して閉じたものになりがちなわけです。しかし、このような、社会に対して閉じていこうとする傾向に対しては、逆方向の力も同時に働かせることが大事だと思います。そして従来、そういう役割を担ってきたものの一つが書籍の出版でした。これは、アメリカのような、専門書とそれ以外の本のマーケットが日本と較べて分断されているといわれる国でも、本というものが、学界の範囲を超えて、社会の中で、さらには歴史の中で、その価値を判断される性格をもってきたからです。[*2]

以上、ピアレヴューのもつ、かなり本質的な限界について二点指摘しましたが、これらは、この問題について議論される際には、しばしばいわれてきたことです。

(2) 学術書編集者の役割と「審査」のモデル

では、こうした限界があるとして、われわれ学術書の編集者はどのようにそれとつき合っていったらいいのか、ということですが、何よりも気をつけるべき点は、先ほど見た査読の捉え方・イメージに関わっています。というのも、私はそこに重大な誤解――出版の意思決定に関する、編集者と出版社の役割放棄にもつながるような誤解――を招きやすい点があると思っているからです。

先ほど言いましたように、同業研究者による査読は、佐藤本では「編集者↓専門研究者による査読→編集委員会」という流れの中の、第二のチェックポイントつまり二番目の「関所」「関門」という形で説明されていました。そしてアメリカの大学出版では、第一チェックポイントの編集者がポジティヴな判断をして通過させたものであっても、この第二のチェックポイントでネガティヴな評価が出れば、出版されないこともあり、内容に関しては、出版する／しないの判断の多くがこの第二の部分にかかっているとされています。だからこそ、その出版物は「専門家が専門家に向けて、専門家の審査を経て発表する本」と捉えられるわけでした。実際には、ジャマーノ本でも説明されているように、アメリカでも出版部ごとにかなり異なる部分があり、もっと複雑なのですが、大きくはこういう手続きとして捉えられる、あるいはそのように説明されたりイメージされがちだ、ということです。

そしてここで私が言いたいことは、こうした捉え方・イメージは不適切であり、「編集者→専門研究者→編集委員会」という三つの要素の中で、最後の「編集委員会」の部分に、あるいはその手前に、もう一度、編集者の判断という要素をはっきりと位置づけなければならないということです。というよりもむしろ、そもそもこれは、チェックポイントつまり「関所」「関門」のある一本道ではなく、対話的なプロセス、昔流行した「弁証法」風に言えば、「正→反→合」の三角形のイメージ――つまり、主張があって、それに対置される主張があって、そしてそれらを総合するというイメージ――に近い、対話的な発展のプロセスとして捉えるべきだということです。私はヘーゲル信奉者ではありませんが、図にすれば、次のように、一本の直線ではなく、三角形ないし逆T字型に

① 直線的なチェックポイント（関所・関門）モデル（×）

編集者 → 専門研究者による査読 → 編集委員会

② 三角形（ないし逆Ｔ字型）の対話的発展モデル（○）

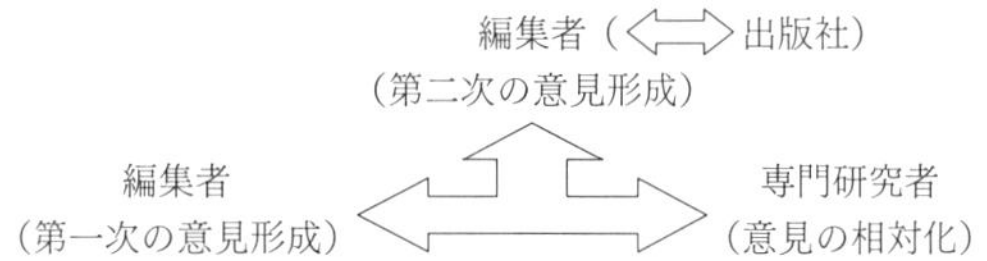

図３－４

なるでしょう（図３－４）。

　つまり、まず出版企画の糸口をつかんで論文や原稿を読むのは編集者の役割ですが、それでポジティヴな第一次の意見を形成していったとしても、それと前後して、専門研究者の査読、あるいは、後で言うように査読以外の形で意見を聴くことで、それをいったん相対化する必要があります。しかしそれは、あくまで相対化であって、「関所」＝「関門」＝チェックポイントという考え方のように、査読研究者がイエスであれば進んで、ノーであれば止まってしまうということではありません。その相対化を経た上で、というか、編集者自身の最初の読みと専門研究者の意見を突き合わせることでもう一段階読みを深めた上で、編集者として総合的な判断（第二次の意見形成）を行うということです。そして出版する／しないの決定は、査読研究者に委ねてしまわずに、必ず第二次の、編集者の段階で行うべきものと考えます。もちろん、出版の意思決定は、編集者個人が行うものではなく、出版社としての意思決定になりますから、実際にはその後で、あるいはそれと並行して、会社の組織内での交渉・審議の過程があるわけで、その全体を最初の図式では「編集委員会」と表現していたとも言えます。しかし、そうであっても、その中にもう一度、編集者の位置をはっきりと見えるように位置づけてその役割を明確にすることと、その全体のプロセスが、手続き的な一本道ではなく対話的な発展の形をとるようにすること、そして、出版する／しないの決定は査読研究者ではなく編集者と出版社が主体となって行うことが、重要だと思います。そのように捉え・イメージして・行動するということです。

これは小さな違いに見えるかもしれませんが、しかしここを間違うと、学術書出版にとって致命的な誤解をもたらしかねません。つまり、もしそうしなければ、出版社がピアレヴューの限界に捉えられ、現在あるものとしての学界に従属してしまう、というより包摂・吸収される傾向が強まり、そのぶん、先ほど言った、新しいもの、つまり専門分野からの逸脱を許してこれを支援したり、社会へと開いたりする出版社の働きが弱まり、学術書は、遂にはジャーナル論文の束と変わるところがなくなってしまいます。私は、それでは書籍の役割としては不十分だと思います。

逆に言えば、このように編集者と出版社の役割を明確化することによって、ピアレヴューのマイナス面をカバーできる可能性があるということです。実際アメリカにおいても、たとえばかつてジェンダー研究やカルチュラルスタディーズなどの動きが芽を出しはじめたときに、それを支えたのは学会よりも出版社だったといわれています（フラー 邦訳 2009)。また、近年クローズアップされているトランスサイエンス問題、つまり、専門科学が自ら問いかけることのできないような、社会と科学のあいだに生じる諸問題への対応を考えても、この点は重要です（小林 2007、戸田山 2011)。

繰り返しになりますが、そういう新しい研究の波動、分野を超えた共振、社会の声への応答を促していくことは、書籍と出版社が果たしてきた大きな役割でしたし、こうした力を働かせることで、ピアレヴューの限界を補ってきたのでした。ですから、とりわけその核心部分にある、出版する／しないの判断について、編集者と出版社が自分たちの役割を放棄してしまってはならないのです。これは、査読に限らず、専門研究者の意見を聴く場合にはつねに言えることです。学術書の編集者は、たんなるゲートキーパー、つまり「関所」「関門」の「門衛」「門番」になり下がって、手続きをこなすだけではいけません。あくまで挑発＝媒介する役割を果たしつづける必要がある、というのが私の考えです。

これも繰り返しになりますが、これは専門研究者の共同体を軽んじるということではけっしてありません。いま言っているプロセスはあくまで対話的な過程で、研究者共同体と共に進みながら、しかし一方で適切な距離を置くことで、そのマイナスを補う可能性が相互に生まれ、社会全体として見たときにベターだということです。

ちなみに、日本では、専門書とそれ以外の書籍のマーケットがはっきり区分されていないわけですが、そういう構造は、そのあいだに壁をつくらず、交流を促すという意味では、こうした出版のあり方にマッチしているとも考えられます。つまり、学術書出版社が、学界や大学に包摂されてしまわずに、出版社本来の機能を発揮するのにふさわしいと言えるかもしれません。

3　日本の学術書における「審査」をどのように考えるか

(1)「厳密な」査読制の不在

以上は、査読を含むピアレヴュー、一般に専門研究者の意見を聴くということに関して、われわれ学術書の編集者が押さえておくべき一番大事な点だと思っていることです。いささか大きく出すぎたかもしれませんが、ずっとこの仕事をしているときっと一度はひっかかる部分ではないかと思います。しかしこのあたりで、もう少し話を絞っていきます。そもそも日本の場合、たとえ大学出版部でも、専門家による査読を厳密に制度化しているところは少ない。というか、はっきり言って、アメリカのように徹底して行っているところはほとんど無いのではないでしょうか。聞くところでは、九州大学出版会が近年そうとう徹底して実践しておられるということですが、ここからは、話をより具体的に、日本の現状からくる問題にさらに即して見ていきたいと思います。教科書通りにいかない点がいろいろ出てくるはずです。

といいながら、また概念の説明かと叱られそうですが、いま査読制について「厳密に」「徹底して」と言った意味をひとことだけ説明しておきます。これは主として三つの要素で考えています。一つには、基本的にすべての専門書について査読を行うということ、二番目に、出版の可否、つまり出版する／しないを含む判断であること、三番目に、専門研究者の意見が最終的に優先されること、この三つです。

こういう意味での「厳密な」ハードな査読制度は日本ではあまり行われていないわけですが、そのことを、学術システムが発展途上だからピアレヴューの制度・慣習が学界にまだ十分定着していないせいだというように捉えて、アメリカ式の査読制度を模倣・導入しろ、それにキャッチアップすべきだ、という考え方もありえます。現にこういう考え方で、ジャーナル論文では「査読付き」か否かを明記することが求められるようになっていますし、そのために、それまで査読制度がなかったジャーナルでもそれが導入されるようになったことは、ご承知の通りです。しかも今後、グローバル化のさらなる進展の中で、そうした考え方がいっそう強まることは十分予想されます。

では学術書、書籍についてはどうか、ということですが、査読という制度・慣習が定着していないと言ってしまえば、一面ではその通りで、実際、日本で書籍の査読制を徹底して行おうとしても、まず制度についての認知度が低いということがあります。ジャーナル論文でしたら、人文・社会系の学問でもようやく査読に慣れてきたと言えるかもしれませんが、書籍については、なかなかそうとは言えず、さまざまな難しさや問題をともないます。ただし注意しておく必要があるのは、それらは、ピアレヴュー以前の問題というよりは、むしろ一般的にピアレヴューにつきまとう問題点が、「未熟さ」のために、よりあからさまにあらわれてしまったものだということです。そのことを念頭に置いて、日本で学術書の査読を行うときの問題点や難しさについて、次に考えてみたいと思います。「厳密な」査読制があまり行われていないわけですから、少ない事例からということになりますが、難しさの原因が、査読者側にあるもの、著者側にあるもの、出版社側にあるものに分けて、順に例をあげてみます。これらは、査読をお願いする際には、われわれ学術書の編集者が注意すべき点ということになります。

まず主として査読者側に原因がある難しさの例です。たとえば、書籍の原稿は論文に比べて一つひとつの分量がはるかに多いので、それを丁寧に読むにはたいへん多くの時間と労力がかかりますが、研究者に査読をお願いしても、そもそもなぜ自分がそんな労力と時間をかけなければならないのかわからないというかたがおられます。特に所属大学も異なり、学会の仕事でもないとなると、そう思われるようです。一見この点に理解があるように見えるかたでも、忙しさを理由に断ったり、断らないとしても実際には斜め読みしかしてくれないというケースもあります。また、人によって甘口・辛口ということがあり、極端な場合、どれも全部ダメ、逆に何でもOK、とにかく一般に――あるいは自分の専門分野で――本が出るのはいいことだから何でも持ち上げる、という姿勢でレフェリーペーパーを書かれるかたもおられます。レフェリーペーパーについては冒頭でもふれましたが、そこまでいかなくても、書きぶりという問題があり、レフェリーに直接話を聞いてみると、レフェリーペーパーとでは、評価が大きく違うという印象を受けることもあります。以上のような問題のほかにも、たとえば、それぞれの出版社で求めている水準を、レフェリーに納得してもらうのが難しいということがあります。そのためにはレフェリーに、その出版社の本についてある程度知ってもらわなくてはならないわけですが、それは実際なかなか難しいことですし、既刊書の少ない分野ではほとんど不可能です。さらに言えば、「身内びいき」も生じがちで、特に研究者の数が少ない分野では、著者とつき合いの濃い研究者に査読をお願いせざるをえなくなりますから、査読者の方でも厳しい意見は書きにくかったり、逆に仲が悪くて「貶める」ような意見を書かれる場合もあります。

レフェリーペーパーの書式を工夫したり査読者の数を複数にするというのが一般的な対処法とされていますが、たしかにこのうち、書式の工夫はいろいろ試みればいいと思います。しかしもう一方の、複数の査読者を探すというのは、言うは易しですが書籍の原稿についてはそうとう大変で、手間ヒマがかかって、結局、査読者やそのコメントをこちらがどう評価するかという問題が消えるわけではありません。それよりも、後で言いますように、編集者が原稿をしっかりと読めば、査読者の言葉をある程度聴き分けられるようになりますから、割り引いたり割り増したりして、それでもダメでレフェリーペーパーがまったく役に立たないという時にだけ、二番目の査読者を探すくらいでよいように思います。いずれにしても、査読者のコメントの質を見極めるには、編集者が原稿を読むということがベースになり、まずはそれと突き合わせていくしかないと思います。一方、査読者の数については、どこまでコストをかけるかという問題になるでしょう。

さて、ここまでは査読者側の問題でしたが、さらに著者側に関しても、たとえば、出版社が原稿を検討するのに時間がかかるのを待てない人がいますし、そうでなくても、査読にかけられること自体を嫌がる人もいます。あるいは、査読で厳しい修正意見が出てきた場合、著者が、ほかの出版社、つまり査読の無い、しかし「学術書」も出版しているような出版社からの出版を選ぶということもありえます（これはアメリカでも、しかも学会誌などでもあることのようですが、日本の出版界の方が、専門書とそれ以外の書籍の出版が重なる部分が多いため、こうしたことが起こりやすい構造になっていると思います。これは、先ほど指摘した日本の出版界の構造のプラス面と裏表の関係になっているわけです）。

こういう問題のほかに、出版社側に原因がある問題もいくつか考えられます。しかし出版社にとって何より大きな点は、そもそも学術書の企画は必ずしも、完成原稿について出版の相談を受けるとは限らないという、ごくあたりまえの事実です。『大学出版』の佐藤本特集号（八八号）で箕輪成男さんも言っておられたことですが、アメリカの著名な大学出版部の場合、「持ち込み」原稿が多いために、原稿を手に入れる努力よりも、原稿審査のウェイトが大きくなるのに対して、日本の学術書出版社の場合、いい原稿を手に入れようとすれば、それを獲得する努力の方にウェイトを置くことになり、編集者の方から、執筆を依頼したり、本にまとめるよう勧めるケースが多くなるはずです。[*3] その場合、編集者は、プランや途中の段階での検討はするとしても、また、書き上がったものを読んで意見を言うのは当然としても、それをあらためて、出版する／しないの判断を含む査読に回すというのは、なかなか難しいことです。[*4]

こういう中で、日本の学術書出版社で、「厳密な」査読制、つまり、①すべての専門書を対象に、②出版する／しないの判断を含めて、③専門家の意見を優先する形の、ハードな査読制をとることは難しいと思いますが、私は、そのことを必ずしも消極的にだけ捉える必要はないと考えています。

というより、この問題からは、むしろ考え方を転換すべきだということが示唆されているのではないでしょうか。先ほど言いましたように、アメリカの大学出版で査読制がそれなりに機能しているとしても、それは多くの優れた企画や原稿の持ち込み（さらに言えば編集者の分業体制）が基本的な前提となっているからであり、日本の大学出版部では多くの場合、持ち込み原稿の査読だけをしていては、かりに査読自体がそれなりにうまくいったとしても、「いい本」を出しつづけるのは難しいというのが実情でしょう。だからこそ、編集者が自ら動いて「いい原稿」を獲得することが大事になるわけですが、その場合には、持ち込み型を前提とした査読はうまく機能しないわけです。そうだとすれば、「厳密な」ハードな査読制を無理に実行しようとするよりも、それをもっとゆるやかに、柔軟にしたり、他の方法も考えるべきではないでしょうか。最初に言いましたように、学術書の「審査」は、専門家による査読という手段に限定されるものではありませんから、これは論理的にも当然のことです。では、具体的にどうすればいいのか。われわれがこれまでやってきたことをもう一度見直してみるべきです。

（2）専門家の意見を聴くための工夫

まず、日本の学術書出版においても、専門家や学界の意見を聴いていないということではなく、それを聴くためにさまざまなやり方を工夫してきました。もちろん、「持ち込み」原稿の査読を依頼する教科書通りのケースもあり、繰り返し言いますように、いろいろ注意して行えば、これはたいへん役に立ちます。しかし他方で、先ほど言った、編集者の方から、本をまとめるのを促すような場合には、研究者自身やその論文についての、一種の「事前審査」が中心になるはずです。実際に「事前審査」という言葉を使うわけではありませんし、まだしも「調べる」や「意見を聴く」「相談する」くらいの方が感覚的には近いでしょうが、ここでは「審査」の範囲を狭く考えないためにあえてこう呼んでおきます。

この「事前審査」においても、何より編集者が読むことが基本だという点は強調しておく必要がありますが、その上で、専門家の意見を聴くには、やはりそれなりの工夫が求められることになります。それも、どんな意見を聴きたいかによって方法は異なり、大きく分けて、①出版する／しないを判断するためか、それとも、②出版する意思はほぼ固めた上で内容を改善するためか、という、二つ目的を区別しておくのがいいと思います。「事前審査」は最初の企画の段階から始まりますから、必ずしも一回限りのものではなく、また、いま言った目的による区別は、ある程度、原稿が出来上がってくる時間的な順序にも対応しています。そして原稿が出来上がってしまえば、もはや「事前」ではなくなりますから、「事前」という言葉もその程度には相対的なものだと考えておくのがいいでしょう。その場合には、二つの目的についても、一般的に研究者の意見を聴く際の目的と考えていいことになります。次にそれぞれの例をあげてみます。

まず①、つまり出版する／しないを判断するために研究者の意見を聴く例です。たとえば、編集者が山中さんという研究者のことを知り、関心をもったとき——いわば「アタリ」をつけていく段階ですが——、その編集者は、山中さんの論文などを探して読もうとすると同時に、山中さんの研究が専門家集団の中でどのような評価を受けているかを知ろうとするでしょう。そういう評価を知るには、ポストや学位、受賞、査読論文、これまでの出版物やその出版社、などの外在的な目安が参考になる場合もあります。専門家に意見を聴くことも、こういう、いろいろある判断材料のうちの一つとして捉えておくことは、われわれ、限られた時間と情報の中で判断していくしかない編集者にとっては必要な視点で、大事なことです。しかし、そういう外在的な目安がいつもあるとは限りませんし、また、目安が互いに矛盾しているように見える場合もあります。それにやはり、研究者と直接やりとりしながら意見を聴くことは、非常に有力な材料になりますし、そのこと自体がまたさまざまな研究者とパイプをつくることにもなります。

その際、幅広い分野に目配りのいい研究者とつながりがあれば、まずその研究者に意見を聴いてみることが考えられるでしょう。こういう研究者はジャマーノ編集長の査読者としても登場しましたが、非常に大切です。しかし、そういう目の利く研究者は減っているように思いますし、当然のことながら、そういう研究者も何でも知っているわけではありません。また、そういう研究者は過去に実績をもっていることが多いですから、意見が「後ろ向き」つまり、新しいものにはやや否定的にならないとも限りません。

そこでわれわれとしては、山中さんの研究をもっとよく知っていそうな研究者にも意見を聴いてみたくなります。しかし、先ほど「身内びいき」と言いましたように、山中さんとつき合いの濃い研究者に、山中さんは優秀ですか、あるいは山中さんのこの仕事はいいですかと聴くだけでは、なかなか率直な意見を言ってもらえないこともあります。率直な意見を言ってもらえそうな場合には、もちろんそれでいいわけで、先ほども言いましたように、そういう意見を言ってもらえる関係を多くの研究者とつくっていくことが大切なわけですが、それが難しい場合もあるだろうということです。そのとき、すぐ後でも言いますように、編集者が論文を手に入れて自分なりに読めていれば、読んで考えたところを、研究者――山中さんではなく、意見を聴こうとしている方の研究者――にぶつけてみるというのが正攻法で、そうすれば、その研究者は、編集者の意見にかなりの程度、答えてくれますし、それ以外にも内心、山中さんの研究についてこうすべきだと思っていた点などについてもいろいろ話してくれるものです。

しかし、これといった論文がなかなか手に入らなかったり、読んでもまったく歯が立たなかったり、あるいは、相手が正攻法では通じなさそうだという場合もあるはずです。そういう場合でも、こうした「事前審査」ならば、大部の原稿を読んでもらうわけではありませんから、複数の専門家の意見や「感触」を吸収しやすいわけです。たしかに、査読のところで見た、専門家のコメントをどう評価するかという問題は避けられませんが、それでもかなり手間ヒマつまりコストを抑えられると思います。実際に会って意見を聴くのが一番いいやり方だとしても、電話などでもかまわないのですから。

それに「感触」がわかるだけでもいいと思っているときには、私の場合ですと、たとえば、関連する研究者に会ったついでに――「ついで」というのは大事ですね――、自分はいまこういうテーマに関心があるのですが、と話を出してみて、その山中さんの名前がパッとあがってくるかどうかを確かめてみたり、あるいは、たしかこんなことを研究している山中さんだか田中さんだか、そんな名前の人がいると聞いたのですがと、ちょっとトボケて、少し距離をとって言ってみて、相手からどんな反応が返ってくるか探ってみることもあります。また、話の中ですでに山中さんの名前が出てしまっているようなときには、あえて山中さんの研究についてちょっとネガティヴな、あるいはその逆の意見を言ってみて、相手の反応を見てみるということもあります。姑息なやり方のようですが、これらは、「身内」であることによる研究者の制約やバイアスを減らすのに役立つわけです。また、心配なときには、三人くらいの研究者の「感触」を確かめると、「よし」と思えることが多いものですし、そのほか、「後ろ向き」の評価を避けるためには、むしろ若い研究者、場合によっては、まだポストをもっていないような研究者の意見を聴いてみることもあります。こういう場合、あまり正式ではない方がかえって聴きやすいと思います。

以上の例は、どれもそれだけで物事を決めるというものではなく、他の要素と合わせて判断の材料にするといったものですが、専門家に意見を聴く目的のうち、一番目の、出版する／しないの判断のためのものだと言えます。

次は、①出版する／しないの判断と②内容改善の両方の目的を含んでいる例をあげてみます。先ほどもふれましたが、編集者が論文を自分なりに読んで、研究水準が高いという心証を得ている場合には、読んで考えたところを研究者にぶつけていくのが正攻法です。たとえば、まず知り合いの研究者から、今度は山口さんという若手研究者を推薦されたとしますと、その山口さんの論文を読んでみて、有望だという心証を得たら、自分の読みをぶつけながら他の研究者の意見を聴けば比較的うまくいくと思います。あるいは、推薦者に直接、われわれの読みをぶつけてみるというやり方もけっこう効果的です。この場合は当然、編集者の方では、ある程度力が入っているわけですから、推薦者の方もたんに「いい研究だよ」と言うだけではなく、もっと積極的に答えくれますし、山口さんについて他にもいろいろ話してくれるでしょう。逆に、意見をぶつけてみても「暖簾に腕押し」のような場合には、その推薦者の言葉自体、かなりあやしいと思っていいと思います。これは編著や共著のまとめ役の研究者についても同様で、集まった原稿に関して、まとめ役の研究者としっかり意見交換するには、われわれがまず自分なりの読みをぶつけるのが最も効果的です。その場合、まとめ役の研究者はレフェリー的な役割も果たしますが、それと同時に、執筆者の「身内」である、ただし明示的にそうだということを念頭に置いて、それをうまく利用できるといいと思います。――以上のケースは、意見を聴く目的を両方とも含んだ例、ただしやや内容改善に傾いた例ということになります。このように、二つの目的を同時に兼ねる場合も当然あるわけですが、その場合でも、二つを区別して意識しておくと、専門家とのやりとりの中で、自分がいま何を聴きたいのか、次は何を聴くべきか、といった意見の聴き方や聴く際のポイントもはっきりすると思います。

一般に、読むということは、聴き取れるようになることでもあります。読みをぶつけて専門家の意見を引き出すということをいま言いましたが、それだけではなく、非専門家のわれわれが専門家の意見を聴き取るためには、それを聴ける耳をつくる必要があり、それが読むことによってそれなりに出来てくるわけです。これには、専門家の話を先に聴いてしまって、後から読みながら、あァそういうことかと理解するような場合も含まれています。逆に、相手がいい加減なことを言っているなとか、それは褒めすぎだろうとか、専門家の意見を鵜呑みにせずに、ある程度評価することもできるようになると思います。この、評価を可能にするという点も非常に大きなポイントで、読むことはまさに双方向の対話が生まれる土台なのです。

最後に、二番目の内容改善という目的にほぼ特化した例として、このところよく行われていることですが、研究会などの場で、執筆中の本の構想を著者が報告し同業研究者の意見をもらうということがあります。これは、研究会のメンバーが信頼できる人たちであればメリットが大きいと思います。ただ、著者が本を出版したことのない人ですと、ほかの研究者の意見に必要以上にふりまわされてしまうこともありますし、また、あまり「角」がとれてしまっては本の魅力が減りますから、編集者としては、こういう点にも気を配っておくべきです。この例は、出版することを前提としているわけですから、二番目の、内容改善のケースということになります。

さらに、書き上がった原稿について、編集者が読んで意見を言うのは当然として、それ以外に、著者が自発的に、あるいは編集者が著者を促して、著者の親しい研究者に原稿を読んでもらうということも、やりやすくなっていて、有効でしょう。これも、もちろん出版する／しないを問題にするものではありませんから、はっきりと二番目の、内容改善の目的ということになります。思わぬ間違いを防いだり、異なった観点を補ったりするのに、かなり役立ってくれると思います。ただし、どの程度深く読んでくれるかはあらかじめわかりませんし、編集者としては、研究会のケースと同様の注意も必要です。

以上、純然たる査読以外に、専門家の意見を吸収する方法について、いくつか例をあげてみました。ベテラン編集者であれば他にもさまざまな方法を身につけておられることと思いますが、とにかく、「厳密な」査読制を行っていないからといって、専門家の評価を軽んじているわけではなく、むしろいずれも、同業研究者の正式の評価では表現されにくかったり抑圧されてしまうものを、引き出して、参考にしていくところにポイントがあります。その際、編集者が自分なりに読むというのが基本で、それを実行すれば、研究者の意見を聴き取って吸収することはかなりの程度、可能であり、査読制では、あるいは査読制だけでは、うまくいかないケースに対応できます。とりわけ日本の多くの大学出版部で必要になる、編集者が自ら動いて「いい原稿」を獲得しようとするケースに対応できると考えられます。また、出版する／しないを判断するためなのか、それとも、出版企画や原稿の内容を改善するためなのか、目的を区別しておくと、意見を聴く方法も、聴く際の力点もはっきりします。というより、前に言いましたように、出版する／しないの判断は最終的には編集者と出版社が行うべきものですから、この区別はむしろ大前提と言えます。私はこのようなやり

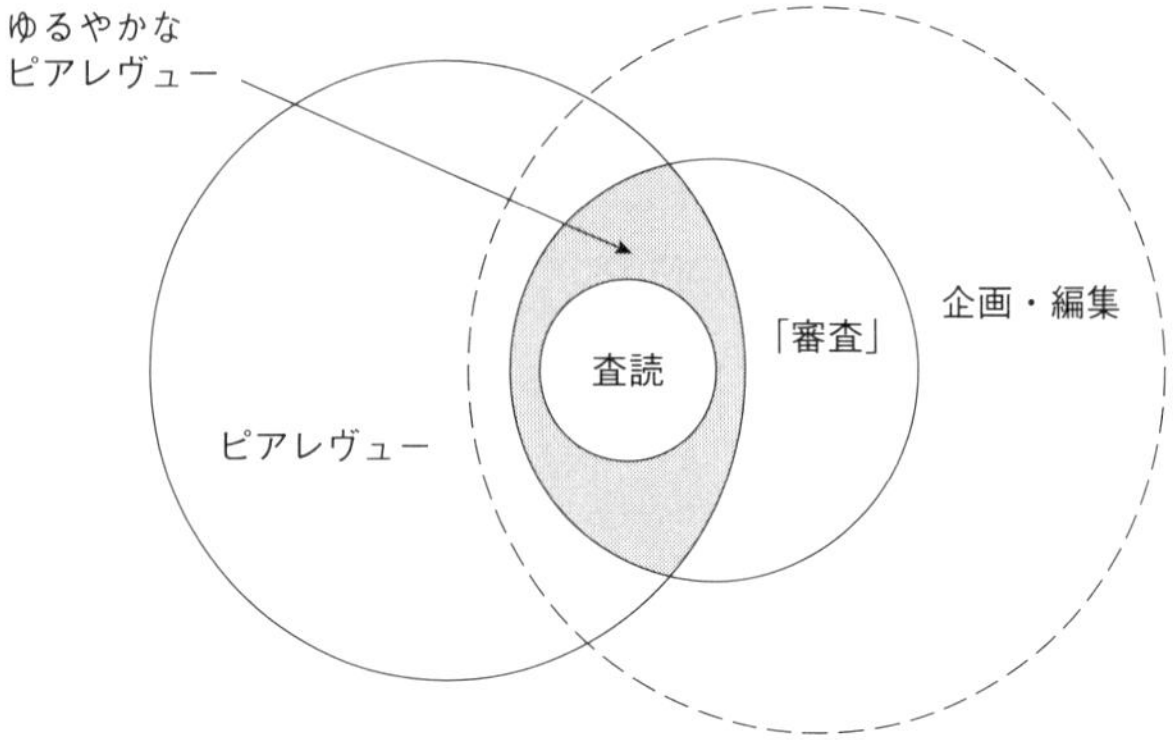

図3－5

方も、広く見ればピアレヴューに含まれると思っていますし、あえて言えば「ゆるやかなピアレヴュー」とでも呼べるのではないかと思います。というより、そう言いたい、というのがここでの主張です。これを、最初の方で出した図3－3に位置づけると、次のようになります（図3－5）。もちろん、こういうやり方が完璧だということではありませんが、それは「厳密な」査読制でも同じことでしょう。

4　さらに具体的な問題をいくつか

さて、一般的な話からかなり具体的な話までたどりつきましたから、このあたりでおしまいにした方がいいのかもしれませんが、以前に意見をいただいて、ここまでの話の中でうまく言えなかった問題を、あと二つだけ取り上げたいと思います。

ます。

（1）組織管理の技法としての査読制？

一つは、「組織管理の技法としての査読制？」というものです。クエスチョンマークがついています。

出版社が査読制を利用する目的には、個々の編集者の判断のバラつきをコントロールするということがあると考えられますが、これは、組織の規模が大きい出版社であれば、特に切実に感じられる問題かもしれません。というより、以前この審査の話を東京大学出版会の山田秀樹さんと議論したときに、そういう指摘を受けました。

これは組織の構造にも関わる点ですから一概には言えないことですが、今の日本の大学出版部の場合、規模の大きいところでも、いくつかの編集部（課）に分かれているようですから、それぞれの編集部単位で見れば、他にも同じくらいの人数の編集部はあるのではないでしょうか。つまり、編集部単位で見れば、多いところでも、責任者を含めて五〜六人ではないか。もちろん、全体の規模が大きく、組織の階層が一段階増えるだけでもさまざまな複雑さや難しさが格段に増えるのでしょうが、いま問題にしている企画や原稿の内容面での「審査」ということで言えば、こういう編集部単位で、実質的な検討が行われていくのではないかと。そしてその検討の過程で――特に編集部の責任者とやり取りする中で――、各編集者の判断のバラつきはかなり調整できますし、調整すべきではないかと考えます。つまり逆に言えば、査読者のコメントに判断をあずけてしまう必然性はないように思います。

このことについてはまた、大小に関係なく、組織の中で編集者を育てる、立場を変えれば編集者が自分を磨く、という観点も必要だと思います。ひと口に編集者と言っても、ベテランもいれば、若手もいて、もちろん一般的には、若手の方が判断に未熟な点が多いわけですが、しかし若手が出版企画を立てはじめたときに、もし責任者が査読者の意見を優先して物事を決めていくということを習慣化してしまいますと、若手の、編集者としての判断力が育たなくなるのではないでしょうか。もちろん、まだ判断力が十分ではないわけですから、責任者なり先輩なりがそれをカバーすることになり、かなりたいへんですが、それでもそれは必要なコストとして考えるべきだと思います。それに、先ほど編集者が読むことをしつこく強調しましたが、自分で読まなければ若手は育たないわけですし、読むことで初めて専門家の意見を聴いたり評価したりできるようになり、その上で、編集者としての自分の意見はこうだと言えるような、そういう判断をともなった読みをできる若手を育てていく必要があるのだと思います。また、同じことは、それなりに経験を積んだ編集者についても、ある程度はあてはまるのではないでしょうか。

（2）大学との関係で

二つ目は、大学出版部にとって大事な「大学との関係」についてです。いろいろご大層なことを言っているが、自分のところは大学との関係でほとんどの企画を引き受けなければならないのだから、「審査」など関係ない、とお考えになるかたも、ひょっとすると、おられるかもしれませんので、この点にもふれておきたいと思います。

名古屋大学出版会でも設立して間もないころは、大学の先生方から提案される出版企画を、たとえそれがイマイチと思われるものであっても、なかなかお断りする力がありませんでした。しかし、そういう状況を徐々に変えていくことは、けっして不可能ではありません。一気に全面的に変えることは難しくても、少しずつ変えていくことはできると思います。そのためには結局、少しでも「いい本」を増やし、その逆の本を減らしていく、というあたりまえのことを、少しずつ実行していくしかないのですが、しかしそれを持続していけば一〇年経つとそうとう変わっているはずです。そしてこういうことのために、「審査」をうまく使っていくことは十分可能だと思います。

その際、査読制を導入することで、クオリティの低い原稿を断れるようになるのであれば、査読制を大いに利用するのがいいと思います。ただし、その場合でも、出版する／しないの判断は、実質的に出版部の中でできるようにすべきです。

残念ながら、出版する／しないの決定に当面は踏み込めないという場合、つまり、出版を引き受けることが前提になってしまっている場合でも、内容改善のためだということで、査読を含む「審査」を行えば、少しでも出版物の質を高めることができるはずです。これは、一つひとつの出版物を見た場合に質が上がるという効果もありますが、それだけではなく、質を上げるために書き直すということになれば、その本の出版は遅れるはずです。そうすると、全体として、もともとそれなりに質のいい企画は時間的に早く進んでいきますし、イマイチの企画は遅れていくことになり、一定の時間単位、たとえば年度で見た場合、よりよい出版物が増え、その逆の出版物が減っていく傾向が生み出せます。これも数にすればさしあたって一、二点の効果にとどまるかもしれませんが、積み重ねていけばきっと大きな流れになっていくと思います。

ほんとうにさまざまなケースがあると思いますが、とにかく、何のためにそれをしているのかという部分を忘れずにうまく使っていけば、そうとう難しそうに見える場面でも「審査」は大いに力を発揮してくれるはずです。

おわりに

出版社には、その時どきに組織が置かれた状況がありますから、今ふれたような問題以外にも、たとえばいま現在、単純に原稿の量が不足していることもあるかもしれませんし、また売れ行きが期待できる企画や原稿は魅力的でしょう。ですから実践的には、そういった点と、自社のブランド確立のような長期的な利益とを勘案して、自分たちが求めるクオリティのレベルを微妙に――ただしあくまで微妙に――上げ下げするような柔軟さも、出版社の経営を維持していく上では必要だと思います。しかし逆に言えば、一定レベル以上のクオリティをつねに保とうとすれば、原稿のストックや、会社全体での売れ行きについても、ある程度の「ため」、つまり余裕の部分が必要になるわけです。そして、そうした「ため」を長期的につくっていくには、やはり近道はなく、出版物の質を、少しずつでもいいから、よりよいものにしていくことが王道であろうと思います。全体として、いいサイクルをつくっていくということです。それには、日本の大学出版部の場合、「いい原稿」を待っているだけではダメで、編集者が自ら動いて「いい原稿」を獲得する努力をすることが何より重要であり、その際に研究者たちの意見を吸収する方法は査読以外にもいろいろあるのでした。

以上、ふれられなかった点もまだまだありますが、とにかく、出版社が生み出す学術書の「信頼性」とは、こうした多くの要素を含むものだと思います。一方で、専門家集団に包みこまれる度合いに応じて「安全証明」が得られますが、他方でそれと同時に、それとは逆方向の力も必要であり、その度合いに応じて、かつての「知識人」がそうであったように、いわば「胡散臭さ」も増すのかもしれません。しかし、それこそが、新しいものを支え、専門分野をつなぎ、社会へと応答するためには不可欠であり、必要なリスクなのだと思います。物事の本質に根ざしたリスクは、減らすことはできても、無くすことはできません。そして思い出してほしいのですが、人間のコミュニケーション――われわれが携わっている学術書の出版を含む人間のコミュニケーション――のプロセスとは、本来そうしたリスクを抱えたものではなかったでしょうか。「信頼性」は大事ですが、それとの葛藤はもっと大事で、それがまた新たな「信頼性」を生み出すのだと思います。

第4章　助成とは何か——出版助成の効用と心得

はじめに

今回は、学術書出版社、とりわけ学術書の編集者にとっての出版助成のメリットを、その心得についての私見も織り交ぜながらお話ししてみます。ですから、著者や読者にはあまり知られたくない点にも踏み込むことになるはずです。一方、著者となる研究者のためには、すでに『助成出版のすすめ　二〇〇一年版』という小冊子が大学出版部協会で製作・発行されていて、基本事項が簡潔にまとめられています。[*1]

今回のテーマについてあらかじめ強調しておきたい点は、出版助成とは、優れた研究（の芽）がプロのエディターシップと出会って、優れた出版（publishing）を実現するためにこそある、ということです。それゆえ、編集者にとって大切なのは、それを、新たな出版企画にチャレンジするための手段として、積極的・能動的に用いていくべきだ、ということです。

とはいっても、出版助成は、出版社や編集者にとってだけでなく、第一に著者と読者（学界および社会）にとってメリットのあるものですので、まずはそのことからお話ししてまいります。

1　出版助成の社会的効用――好循環による公共的価値の実現のために

二〇〇九年一月に発表された文部科学省の「科学技術・学術審議会　学術分科会」による報告「人文学及び社会科学の振興について――「対話」と「実証」を通じた文明基盤形成への道」は、学問の評価として「アカデミズムによる評価」「社会における評価」「歴史における評価」の三つがあるとしています。そして、研究者がしばしば忘れがちな、社会や歴史における評価の重要性を指摘して、そうした価値を実現するための書籍の意義を明確に述べています。[*2]これは、アカデミックな価値も含むけれどもそれにはとどまらない社会的な価値・歴史的な価値を「書籍」が生み出すということで、「書籍」が社会（およびそれを通じて歴史）との相互作用によって多元的な公共的価値を実現することを、慧眼にも捉えていると言っていいでしょう。学術書編集者のエディターシップとは、まさにこうした価値を実現するための活動ですから、何よりもまずこの点をしっかりとおさえておく必要があります。

しかし、このような価値を担っているとはいっても、学術書出版の置かれた条件はなかなかに困難です。普通、学術書の出版は、部数ベースで見た場合、一般書よりも小部数ですし、また、販売速度も遅いため、投下した資金の回収がそのぶん遅くなります。他方、原稿量が多く、図表類を含むなど、一部あたりの製作に多くのコストがかかります。さらに、助成出版をめぐる議論では抜け落ちがちですが、内容が高度に専門的な学術書を、企画し、原稿化を促し、書かれた原稿を読み、具体的に編集する過程には、編集者の高い能力が要求され、手間ヒマもかかり、したがってコストもかかるわけです。いや、上で言ったところからも推測されますように、この部分こそが、編集活動においてエディターシップの発揮されるべき最も重要な部分であり、最大のコストがかかるところだと言わなくてはなりません。

このような条件のもとにあって、内容的に優れた（ないしはそう見込まれる）研究でありながら、採算面での見通しが立たないために、出版（を企画するの）を断念せざるをえないか、刊行するとしても、はなはだ高い価格を設定せざるをえないものがどうしても出てきます。また、製作コストを下げるために（あるいは初刷部数を増やすために）、原稿量の圧縮を著者に求めるという場合もあるでしょう。[*3]

一般に学術書は需要の価格弾力性が小さいと考えられていますが、それでも、より高い価格設定をすれば、販売部数は減ることが予想され（少なくとも、必ず買ってもらえると予想されるコアの読者の範囲を超えた、プラスアルファの読者数は減るでしょう）、その場合、しばしば初刷部数を少なく設定し、それがさらに高い価格設定を余儀なくさせるという、悪循環に陥りがちです。[*4]

このことがもたらす最大のデメリットは、優れた研究の普及（ひいては社会との相互作用）を制約するという点にあります。[*5]公刊を断念せざるをえない場合について、その社会的不利益は言わずもがなですが、仮に刊行できる場合でも、「より高い価格×より少ない部数」では、学界を含む社会への普及の度合いが当然低くなって、[*6]そのことはさらに、出版物に閉じた構造さえもたらしがちです。[*7]

このような、公刊の断念や、「より高い価格×より少ない部数」をもたらす悪循環の発生による普及の制約、あるいは不十分な形での刊行といった事態をなくすために、利用できるのが出版助成です。

出版助成は、公刊そのものを実現し、価格をある程度抑え、[*8]より多い部数で、しかもその研究にとって十分な形での刊行を可能にすることで、優れた研究の、社会との相互作用をはかる、学術書出版のための貴重な触媒なのです。[*9]

以下では、出版助成の効用を、さらにいくつかの点にわたって考えてみたいと思います。

2 「採算」にとっての出版助成の効用

上で「採算面での見通しが立つ」という言葉を使いましたが、「採算」にとっての出版助成の効用とはどのようなものでしょうか。

（1）原価に対する効果

まず、言うまでもなく、原価に対する効果があげられます。多くの出版助成では、印刷・製本費用の一部ないし全部に相当する費用が、また、少数の助成では、さらに編集費の一部までが助成されます。[*10] 採算点は出版社によって異なるとしても、この助成の効果によって、価格を特別に高く設定しなくても、採算点を超えることが可能になるわけです。また、上述しましたように、価格を抑えることで、印刷部数を増やすことが可能になる場合もあって、その場合にはさらに「採算」の向上が期待できるでしょう。

付け加えますと、大半の出版助成制度では、初刷の印税免除が規定として定められています。出版助成を必要とする企画である以上、当然と言えば当然ですが、規定として正式に定められていると印税免除について著者の理解を得やすいというメリットも生まれることになります。[*11] そして、印税を支払う義務があるのと無いのとでは、原価の上で大きな違いが生じることは言うまでもありません。

（2）投下資金の早期回収

また、上に述べましたように、多くの学術書は、売れ足が相対的にゆっくりとしています。ですから、本の売り上げだけでは、印刷・製本費から自社の人件費を含むランニング・コストまで、投入した資金を回収するのにも時間がかかることになります。ところが、出版助成は、刊行前に支払われるものにせよ、刊行直後に支払われるものにせよ、この投下資金の一定部分の回収速度を劇的に速くしますから、出版社の資金繰りを大いに助けてくれます。したがって、毎年、相当数の助成出版を行うことは、出版社の経営を安定させる重要な柱の一つになりえるわけです。

（3）リスクの軽減

これら二つの点を含めて、「採算」にとっての出版助成の効用を、リスクの軽減という観点から捉えることもできます。一般に出版には経済的リスクがつきものですが、学術書出版は、学術のもつ公共的価値を高め広げることを事業の使命として担っていますから、そうしたリスクになじまない側面をもっています。[*12] そのため、継続的に事業を展開するには、どうしても経済的リスクを軽減する手段が必要となり、出版助成はそのための大きな柱になるわけです。[*13]

以上のような、出版社の「採算」にとっての出版助成の効用は、比較的よく認識されているものでしょうが、次にそれ以外の効用についても述べてみたいと思います。

3 「採算」以外の点での出版助成の効用

(1) 出版計画における効用

まず、助成の効用が語られる際に見過ごされがちな点として、出版計画における効用があげられます。これは、出版社の外部に、原稿完成や刊行の締切期限ができるという点が大きいのですが、それはどういうことか、説明が必要でしょう。

一般に書籍の場合、週刊や月刊の雑誌のような厳密な締切期限をもたないために、どうしても原稿が遅れがちです。ましてや学術書の場合、大部の作品になることも多く、著者に「研究上、もう少し時間が必要だ」などと言われると、(たんなる言い訳だと薄々感じている場合でも)編集者は原稿の締切期限を延ばしてしまいがちです。

こうしたとき、出版助成への申請を行うことに決めていれば、通常、一つの出版助成は年に一回の募集しかしておらず、申請機会を一度逃すと、(他に適当な出版助成が見あたらない場合は)出版がまる一年延びることになりますから、ある程度むりをしてでも、助成の申請時期に原稿をまとめようとすることになるわけです。あるいは、申請時に原稿提出を求められない助成制度であっても、いったん申請して採択されれば、通常、その年度内という形で出版期限が助成団体によって決められていますから、それに間に合うように原稿をまとめざるをえなくなります。

これは、著者にとってだけでなく、同様のことが編集者にとってもあてはまります。編集者も、できれば時間をかけてじっくりと編集を進めたいと思いがちですから、何らかの締切期限が外部にあった方が自分の仕事を規律化しやすく、その場合、社内的な期限よりも、社外からの、しかも厳格な期限の方が強い力が働いて、出版期限が守られることが多いのです。

こうした結果、出版助成が採択されたものについては、その年度での出版をほぼ確実と見なすことができ、出版社全体の出版計画にとっても「当てにできる」出版物となるのです。しかも、その出版物が、上で言いましたように、採算や資金の回収においても「当てにできる」わけですから、出版社の経営にとってどれほど大きな効用をもたらすか、理解できるでしょう。

なお、付け加えておきますと、しばしば著者の方も、このような形で枠をはめられてでも仕事をまとめあげてしまうことを望んでいて（ひそかにか、明示的にかは、人によって異なりますが）、厳格な締切期限ができることは、そうした願望に応えることでもあります。その際、編集者にとって大事なことは、研究が熟するタイミングを見間違わないことです。

（2）企画・原稿の洗練

もう一つ見過ごされがちな効用は、助成を申請する際に、申請書類を作成したり、申請用原稿をまとめたりすること自体が、著者が自分の研究を再認識する機会になるということです。これは、人によっては、かなり大きな意味をもつことがあります。通常、助成の申請から決定を経て実際の入稿まで、かなりの時間がある助成制度が多いので、そのかんに原稿の執筆や改善を行うことになりますが、そこで申請時の作業が役立つ場合があるのです。つまり、助成の申請が企画・原稿の洗練に役立つというわけです。

そしてこの点もまた、著者だけでなく、編集者についてもあてはまることです。編集者は、すでに出版企画を立てる際に、その段階でできる検討は十分行っているはずですが、それでも、（原稿が形になるか、形がはっきりと見えてきた段階で）それを外部に向かって語りかける言葉で著者とともに申請書類に書いたり、もちろん申請原稿が出来ていればそれを読んだりすることは、新たな認識や理解の深まりをもたらします。そのことは当然、企画や原稿の洗練にも役立つわけです。一般に、いくつかのゲートの存在が、出版物のクオリティの向上に役立つことが多いと言えるでしょう。

それ以外にも、助成団体によっては、丁寧な審査意見を出してくれるところがあり、それにしっかりと耳を傾け、上手に利用すれば、出版物のクオリティの向上に役立ちます。*14

（3）著者との関係

三番目に指摘したい点は、著者との関係の力学における効用です。が、それを説明するためには、ここまでふれてこなかった助成の種類について簡単に見ておく必要があります。

出版助成には、前述の『助成出版のすすめ　二〇〇一年版』でも紹介されているような、①日本学術振興会の科学研究費補助金　研究成果公開促進費「学術図書」（いわゆる科研費出版助成）、②

公益財団による出版助成、に加えて、④それ以外の団体・組織による（しばしば公募制をとっていない）出版助成、③大学による出版助成、⑤著者自身の関わる研究費の一部を出版費に充当する形のもの、⑥著者自身による出版助成（a印刷・製本費の一部を負担してもらう場合、b本の買い上げの場合、[15] c両者の組み合わせの場合）などがあります。

これまで述べてきた点は、①から④（ないし⑤）までの、著者自身以外の団体・組織による出版助成を暗黙の前提としていましたが、その効用を考えるにあたっては、⑥のケースも視野に入れておかねばなりません。

言うまでもなく、大学出版部のような、質の高い学術出版をめざす出版社としては、⑥のケースは、できる限り避けるべき選択肢で、①から⑤までの可能性が閉ざされた場合にのみ、考慮すべきものです。

といいますのも、⑥のケースでは、しばしば著者が自分のお金で出版のすべてを行っている気持ちになりますので（実際にはそうではないのですが[16]）、たとえば原稿について編集者が厳しい改善要求を出した場合、受け入れられないことがままあるからです。もちろん、一般的にも、編集者による原稿の改善要求がすべて受け入れられるとは限りませんし（当然、編集者の方が間違っている場合もあります）、それをどのように実質的な改善につなげていくかも編集者の腕の見せどころではあるのですが、⑥のケースでは、そうした改善要求が受け入れられない度合いが高まる傾向があるのです。要するに、「自分がお金を出しているのだから、好きにさせろ」という気持ちに著者がなりがちなのです。こうした要素はまた、装丁などを考えていく際にも、著者自身の気に入っている図版を使うことを強く要求されるといったように、障害となってあらわれることがあります。いずれも程度の問題ではありますが、⑥のケースでは、著者のコントロールが難しくなる、と言って言葉が悪いようでしたら、著者との関係のあり方が、出版物のクオリティを高めていくためには、マイナスに作用する傾向が見られるのです。

この⑥のケースと比較してみますと、①から④までのケースでは（⑤は中間的で、⑥に近い要素を含んでいます）、著者との関係のあり方が、質の高い学術書を出版するためには、より適合的な形でありうることが理解されるでしょう。言うまでもなく、⑥の場合、それだけでは、上述した出版計画上の効用や出版物のクオリティ向上といった効用も期待できません。

ただし、だからといって、⑥のケースを絶対にやめるべきだということではありません。編集者は、その著者の当該出版物に価値を見出しているわけですから、外部の団体からの出版助成がいよいよ得られないと決まった場合には、助成の出所が著者自身であっても（助成団体に対するのと同様に）ありがたく歓迎すべきです（第5節3も参照）。そして、その場合に編集者は、出版物のクオリティに関わる部分でも、出版助成の出所が外部の団体である場合と同様に（つまり遠慮なく）著者に対してふるまうべきです。[*17] それが、上述したようになかなかに困難であっても、実質的な部分ではそうしなければなりません。

4　新たな出版企画に積極的・能動的に挑戦するための手段として

出版助成といいますと、著者からの持ち込み原稿を「出版助成がとれたら」という条件で引き受けて……というイメージで考える編集者もおられるかもしれません。しかし、ここで強調したいのは、編集者にとって、新たな出版企画に積極的・能動的に挑戦するための手段としてこそ、出版助成制度があるということです。

一般に編集者と（のちに）出版物となるものとの出会いは、アイデアとの出会い、人との出会い、企画との出会い、原稿との出会い、など多様です。しかし、出会いがどのようなものであっても、また、どのような段階で出会ったとしても、それらをすべて、社会的（そして歴史的）な価値を念頭に置きつつ優れた出版物の形につくり上げていけるように考え、著者（となる人）とやりとりをし、実現をはかっていくのが出版企画というものです。

そしてその際、上述したような理由から、出版の困難なことが予想されるものが、どうしてもあるわけです。しかし、そのことと、出版物によって実現される研究の価値とは別ものです。たとえば小部数であることは、ニーズがないこととはまったく異なります。こうした出版に編集者が著者とともに積極的に取り組んでいくためには、どうしても或る程度予想可能な出版助成の制度が必要なわけですが、逆に言えば、それが存在する限りは、編集者は、助成制度を利用することを前提として積極的に出版企画を作っていくべきなのです。[*18] そしてまた、そのような助成制度の積極的な利用が、ひるがえって助成制度自体をも活性化するという好循環を生み出すのです。

たとえ小部数しか予想できなくても、優れた研究に遠慮なくアプローチし、助成を得ることを著者と相談し、出版企画に練り上げていくこと。そうすることで、一〇〇%確実ではないとしても、たとえば最終的な原稿完成にいたる（しばしば長期にわたる）著者とのつき合い（したがって投資）も可能となり、そのことが出版物のクオリティを高めることにつながります。編集者が自分の側から著者にアプローチしていく場合であっても、出版助成を得る形で出版企画を立てることを学術書の編集者はけっして恥ずかしがってはいけません。繰り返しますが、それは、優れた研究（の芽）がプロのエディターシップと出会い、優れた出版（publishing）を実現するために、必要かつ合理的な手段なのですし、したがって、学術書出版にとって、積極的・能動的に利用していくべきものなのです。

そのことは、より制約の少ない（制約のない、ではありません）[*19] 学術書出版の追求を可能にし、出版物のクオリティを高めることによって、出版社のブランド力も高め、さらなる好循環を生み出すでしょう。

5　出版助成のデメリット

このあたりで、出版助成のメリットばかりでなく、デメリットにもふれておくべきでしょう。ただし、出版助成それ自体にデメリットが存在するのではなく、その利用の仕方の悪さがデメリットをもたらすのです。そして、デメリットは大抵、メリットを裏返した形で生じるものです。

(1) 過度の依存

まず何よりも、出版助成制度への過度の依存は出版社に大きなマイナスをもたらします。上に述べてきましたように、出版助成は、優れた出版企画を実現していくために利用されるべきもので、助成が得られるから出版をするというようなものではありません。後者は明らかに倒錯ですが、学術書出版社がしばしば陥りがちな罠ですので、十分に注意する必要があります。[*20] それは、出版物のクオリティを下げ、編集者の企画力・エディターシップを衰弱させることになりがちです。

これに関連して言えば、助成を行う団体は、助成の可否を決定するために、通常、一定の審査機能をもっていますが、しかし、学術書出版社は、原稿内容について、あらかじめ（助成を申請する前に）出版社が自ら行うべき可否の判断を、助成団体の助成の可否の判断にゆだねてしまってはなりません。出版社は、出版企画について、助成団体の審査機能よりも、自社の判断能力が高いことを信じられるようでなければならないのです。言葉は悪いですが、ある助成が不採択になった場合、編集者は、その助成の審査者たちに見る目がなかったと思えるくらいで、ちょうどいいのです。

また、出版助成制度を積極的に利用していくといっても、一つの助成制度にのみ全面的に依存することは好ましくありません。科研費出版助成が大幅に削減された近年の例に見られるように、助成団体が方針や制度を変更することはつねにありうることです。もちろん、助成団体に対して出版助成の継続と発展を働きかけていくことは重要ですが、その一方で助成先の多角化を進め[*21]、また、一つの助成が不採択になった場合の二の矢、三の矢を考えておくことが望ましいでしょう。

（2）著者との関係など

もう一つ、著者との関係の力学に関わるデメリットも考えられます。上述の出版助成の種類のうち⑥以外のケースでも、著者が、助成金を獲得してきたのは自分だと考えることで、⑥のケースで指摘したことと同様の事態が生じる可能性が——その程度が低いとはいっても——ないわけではありません。

また、上述しましたように、出版助成は出版期限が厳格に決まっていることが多いので、もし原稿が完全に出来上がっていない段階で申請をして（実際に、申請段階では完成原稿を必要条件としない助成もあります）採択され、原稿の完成が大幅に遅れていった場合、編集者は原稿の完成度と出版期限とのあいだで板挟みになります。これはしばしば起こることで、そのさばき方は編集者の腕の見せどころでもありますが、それに淫してはいけません。根本的には、申請時点における原稿の完成度ないし完成可能性についての見極めを間違わないことが肝要で、まずはこの点にこそ編集者の技量を発揮すべきでしょう。

このことは、タイトルや頁数、価格などについてもあてはまります。助成制度によっては、申請後、これらを変更することができないか、もしくは難しいものもありますので、より魅力的なタイトルを考えついた場合には悔しい思いをすることになります。また、申請段階以降、原稿の分量が予定より増える場合も少なくありませんから、それ自体として、また価格とのかねあいで、編集者を苦しめることになります。しかし、いずれの点も、申請時点における編集者の見極めが大切であることは繰り返すまでもないでしょう。

（3）不採択時の対応の難しさ

デメリットとして、出版助成に不採択になった場合の対応の難しさをあげる人もいるかもしれません。

これについてまず確認しておくべき点は、一度何かの助成が不採択になっても簡単に出版をあきらめるべきではないということです。逆に言えば、それくらいで出版をあきらめるような企画は、そもそも企画として立てるべきではないし、助成に申請すべきではないということです。

しかし、助成を得るという形で立てた出版企画が、何度も、また何種類もの助成を申請しても不採択になるということもありえます。その場合には、著者とよく相談をして善後策を講じるしかありませんが、最後の手段として著者自身に或る程度の助成を要請する場合もあれば、価格を上げて対応する（したがって、読者に負担を求めることになる）場合もあるでしょうし、両者を組み合わせる場合もありうるでしょう。また、いずれにしても出版社は採算点ぎりぎりでの出版を選択することになるでしょう（繰り返しになりますが、すべての出版助成が不採択になっても、なお出版に値すると判断できるものだけを、もともと出版助成に応募すべきなのですから）。[*22]

この最後の点については、複数の出版企画について出版助成を申請する中で、採択されるものもあれば、採択されないものも出てくる、という当然の結果を全体として捉えて、出版助成を積極的に利用していくことが出版社にとってトータルで大きなメリットをもたらすという判断によって、支えていくべきものだと考えます。[*23] 中長期的に見れば、質の高い出版物の継続的刊行、著者や読者からの信頼やブランド力の向上等々によって得られるものは、けっして小さくないはずです。

6　インターネット上での研究成果の公開との関係

最後に、インターネット上での研究成果の公開との関係についてもふれておきたいと思います。ただし、それには多様な形態がありえますので、議論を明確にするために、ここではとりあえず、研究者自身がたとえば博士論文をそのままの形でインターネット上で公開するようなケースで、したがってプロの学術書編集者や学術書出版社の介在していないもの、を想定しておきましょう。[*24]

実際、博士論文については、二〇一三年三月の国の学位規則改正で、原則として、博士学位を取得した大学等の機関リポジトリを通じてインターネット上で公表されることになりました。[*25] 文部科学省は、これによって論文検索や閲覧の利便性が高まるとしています。たしかに、学位を取得した状態のままの博士論文でよければ、そのように言えるでしょう。

研究者の方でも、早い段階から編集者が出版企画を推進している場合は別として、出版社に相談をし、採択されるかどうかわからない出版助成を申請する労力をかけてまで、書籍の形で自らの研究を発表したいとは考えないかもしれません。とりわけ博士論文であれば、各章の元になった論文が学会誌等にすでに掲載されて学界での認知を受けている場合もあり、さらに博士論文の全体も、権威ある大学と審査者から学位を授与されているのであれば、学問上の認知を受けたとも考えられるでしょうから、それをそのままインターネット上で公開してしまえば、十分なのではないでしょうか。手っ取り早いし、費用もかかりません。それどころか、文部科学省が学位規則改正の理由として述べているように、社会的に見ても、より多くのアクセスを可能にするのではないでしょうか。

このような研究成果公開の形も視野に入れたとき、では、学術書出版社を通して、そして必要な場合には出版助成を申請して、学術書を出版することのメリットはどのように考えられるでしょうか。ここでは編集者の直接関わる側面に限定して、次の三つの点を指摘しておきたいと思います。

①プロの学術書編集者による企画・編集を経ることで適切な（とりわけ社会的に開かれた）「作品」ないし「パッケージ」[*26]として実現され、②しかもクオリティを高められるということ。また、③そもそもその研究がプロの学術書編集者やレフェリーの目を経て出版する価値があると判断されたこと、そして上記のように企画・編集を経て適切な作品化ないしパッケージ化がなされクオリティを高められていること、つまり「信頼性」を保証されるということ[*27]です。手間や費用はそのためにかかるわけです。さらに、出版助成を得ての出版の場合には、助成団体の審査を経ていることや、第3節2で述べたように助成申請の過程で見直しの機会をもてること、場合によっては助成団体からの審査意見が得られること、などによって、これらのメリットの度合いがいっそう大きくなると考えてよいでしょう。

　社会的なアクセス可能性について言えば、たしかにインターネット上でコンテンツを公開すればそれだけで検索等によってアクセスに開かれるわけですが、それは、社会との相互作用を念頭に置いてその研究が編集され「開かれた」内容と質を備えることで社会的価値（さらには歴史的価値）を実現したからではありません。たんに機械的に開かれたということにすぎず、このことと、「社会における評価」や「歴史における評価」にたえる作品ないしパッケージとして「開かれた」[*28]内容と質をもつこととは、はっきりと区別されなければなりません。この違いを、遍在性（ubiquity）と普遍性（universality）との違いと表現することもできるでしょう。いずれにしましても、機械的に開かれるだけならば、インターネット上にある無数の雑多なテキストと異なるところはなく、インターネット上での公開とは本質的にそのようなものなのです。

ここでもまずは博士論文を例にとるとわかりやすいでしょう。冒頭で紹介した『助成出版のすすめ　二〇〇一年版』は、博士論文について次のように記しています。「博士論文は、研究の成果・達成を示して学位を請求するものですから、審査に当たる専門家中の専門家に対して、鉱脈から発掘されたばかりの原鉱の量と実質をそのまま示すものと言って差支えありません。しかし、それを市販の書物にするには、原鉱を精錬する過程を必要とします。何ら手を加えずにそのまま出版できるという場合の方がむしろ少なく……」。つまり、博士論文として書かれ認められることと、市販される学術書として再構成され認められることとは大きく異なり、したがって、博士論文をそのままインターネット上で公開することと、編集された学術書として公刊されることのあいだには深い断絶があるわけです。これは、いきとどいた編集を経験した著者なら直ちにわかることですが、後者の方が、読者ないしは社会にとっての効用が格段に高まっており、それはプロの編集者のエディターシップの発揮によるところが大きいのです。

それは、博士論文のような、ある程度原形が出来てから出版社が相談を受けることがあるものよりは、ほとんど原形のないところから企画されていく学術書の場合にいっそうよくあてはまります。この点についての著者側の声を聴いておきましょう。名古屋大学名誉教授の安藤隆穂先生が、上述した科研費出版助成に即して述べたものです。

「著者と出版社は、作品の計画と原稿の執筆段階から、綿密に連絡を取り、出版に向けての共同作業に入る。それが、学術書の場合、一般の出版に比べて早い段階から行われ、科研費出版助成の申請書類提出の数年前に始まることも多い。著書の構成と編集について、出版社側の担当者（編集者）からの助言や批判を受けることによって、著者は、単独では得られない次元で思考することができる。社会の需要をよく知る編集者の鋭い指摘によって、最終段階で研究の飛躍をなし得た経験は、多かれ少なかれ誰もが持つであろう。（中略）彼ら〔編集者〕は、著者と同じ分野についてはもちろん、他の分野についても研究動向に感度のよいアンテナを張りめぐらしていた。彼らの意見によって、著者自身の研究を相対化し、研究の世界での立ち位置を確認することや、専門研究者仲間を超えたより普遍的な読者を意識して、著書の編成を厳しい吟味にかけることができた。（中略）科研費出版助成を、狭い意味での出版支援とみなすべきではない。人文社会科学の分野で基礎研究を続けていく場合に、出版時の編集者との共同作業には、自然科学系の学問の基礎的実験の作業に近い要素が入っていると見ることができる。将来性のある研究の発掘を目指す編集者の前で、著作を繰り返し練り直す著者の作業は、自然科学でいえば、基礎実験を繰り返すのに近い過程であるように思う。またそれは、編集者を仲立ちとする、著者の研究と社会との結びあいを問う作業でもある。つまり、科研費出版助成は、人文社会科学系の研究者にとって、自然科学の基礎実験を公的支援する制度に近い意味も持つのである」（安藤 2009）。[*29]

同じことを、長年にわたって学術書出版に携わってきたひつじ書房の松本功さんは次のように述べています。

「たとえば、私は著者の研究者の方々と長い期間をお付き合いして、一冊の本にまとめていくことを進める。時間の掛かるものである。それだけの時間と労力を掛けて一冊にまとめるから価値があるのだ。著者が書いて、それを自分でネットに公開しよう、というような簡単なことではない。長い期間、お見守りし、お待ちして、一冊はできる。お湯を掛ければすぐ食べられるというようなことはありえない。［ARGの岡本真氏の発言のように］「助成に頼る出版社は淘汰されるべきだ」というのも間違いで、補助金によって、当該のジャンルに伴走しているちゃんとした出版社が出版することによって、単に個人的にネットで公開するよりも公共性・公共的価値を大きくできるからこそ、助成に意味があるわけだ。これは経費ではなくて、公共性を増大させるための支援なのだ」（松本 2009a）[*30]。

ここには、学術書編集者の編集活動とは、まさしく「書籍」を実現することを通して、「アカデミズムによる評価」はもちろん、「社会における評価」や「歴史における評価」にたえる公共的価値を増大させる活動であること、それがたんなるインターネット上での公開では決定的に抜け落ちていること、そして出版助成とは、優れた研究（の芽）が、こうしたプロのエディターシップと出会い、優れた出版（publishing）を実現するためにあるということが、学術書出版の経験をふまえた言葉として語り出されています。

そして、われわれ学術書の編集者はこのことをもっと大きな声で社会にむけて主張していくべき時を迎えているのです。

第5章　地方とは何か——学術書の「地産地消」？

はじめに

この本の最後に、出版活動と「地方」との関わりについて考えてみたいと思います。それは、私が働いている名古屋大学出版会が、いわゆる地方にあるため、そのことにふれないわけにはいかないからでもありますし、それを通して、これまで何度か言及してきた知の普遍性というものについて考えてみたいからでもあります。

「地方」を拠点に出版活動を行おうとすれば、このことは日々考えざるをえないことなのですが、ここでは、この点について少しまとめて考えるきっかけとなった沖縄での議論に即してお話しさせてください。

1　本の「地産地消」？

二〇一四年四月に大学出版部協会の研修会が初めて沖縄で開かれることになり、私も参加させてもらいました。初夏と言ってもよい気候の那覇を訪れたことはそれまでなかったので、多くのものがとても新鮮に見えました。研修会の企画は、大学出版部の設立を検討されている琉球大学の先生方との意見交換のほかに、独自の精力的な活動を続けてこられた沖縄の出版社や書店の方々との交流も大きな目的としていました。とりわけ、「豊饒な出版文化を求めて」と題した初日のシンポジウムでは、那覇にあるボーダーインク社の新城和博さんが「沖縄の出版事情」について基調講演をされ、次いでその新城さんと沖縄タイムス社の友利仁さん、榕樹書林の武石和実さんが「在沖出版社の現状と課題」として、それぞれの歩みと悩みをとても熱く語られました。その後、「地方」での「大学出版部の現状と課題」をテーマに、弘前大学出版会の足達薫さんが自社の活動について話をされ、最後に名古屋大学出版会の私がしゃべることになっていました。

その準備の意味もあって、事前に、新城さんの『ぼくの沖縄〈復帰後〉史』（ボーダーインク社、2014）や、「市場の古本屋ウララ」店主・宇田智子さんの『那覇の市場で古本屋——ひょっこり始めた〈ウララ〉の日々』（同、2013）などの本を読んでいったのですが、沖縄の出版社がユニークな出版活動をしておられるとは聞いたことがあったものの、その実態についてほとんど知らなかった私は、そこに書かれていた「県産本」という言葉や、本の「地産地消」という考え方に驚かされました。それはひとことで言えば、沖縄の出版社が生産した本を沖縄の読者に買って読んでもらうということなのですが、「地産地消」が一種の流行語になっていることから、それを沖縄の出版社や書店が、「本土」の出版社のつくる「沖縄本」に対抗するための一つの戦略として取り込んでいるという面もあるようでした。でも、それだけではありません。一方では、「本土」とのあいだに海を隔てた物理的距離があるために、流通を含むその出版資源へのアクセスが不便だということがありますし、また他方では、日本の他の「地方」とは段違いの文化的な独立性の高さ、というよりもその強い意識があります。『沖縄タイムス』紙での連載を元にした新城さんの上記の著書でも「ヤマト化される／されない」という言葉が出てきて、日本の一「地方」化されることに対する違和感ないしアンビヴァレントな気持ちが表明されていました。まさにそれを沖縄での出版活動の土台としてこられたのだと思います。もちろん、実際に完全に独立しているなどということはなくて、新城さん自身が当日の講演でも「消費生活はもう本土とほとんど変わらない」と言っておられた通りでしょう。しかしまた新城さんは、「沖縄の人は沖縄についての本をたくさん読む」とも話され、私は日本の他の「地方」の出版状況とはずいぶん違うなと思いました。たとえば名古屋（ないし愛知）でも、地元向けの本を出している版元はありますが、名古屋の読者が名古屋の本をたくさん読むとは考えにくいですし、「名古屋（本）ブーム」がやってくることはまずないでしょう。

そしてそれはまた、名古屋大学出版会で自分たちがめざしてきたものとは正反対の方向でもあるように思われました。ですから、シンポジウムの私の報告「日本の大学出版部にとって「地方」とは何か──沖縄の出版社との比較で」では、「地方」にある大学出版部の活動とそこでの自社の方向性をお話しする中で、「大学出版部の実態を見れば、著者を母体大学とその地域に求めることが多いとしても、それ以外の要素に関しては、読者にせよテーマや書き方にせよ、地域密着型になっている出版部はない」と報告しました。沖縄と、日本の他の「地方」との違いもさることながら、学問が普遍性を志向するものである以上、その表現である学術書に「地方」という枠をはめられないのは、当然のことと思われたのです。

しかしながら、──ここからがほんとうに言いたいことだったのですが──一つには、日本の大学出版部も、いえそれだけではなく日本の出版社の大部分も、日本という単位で見れば、かなりの程度「地産地消」をしてきたということがあります。つまり、沖縄についての本を沖縄ゆかりの著者が沖縄の出版社から出して沖縄の読者が読んできたように、日本についての本を日本の著者が日本の出版社から出して日本の読者が読んできた、ということです。もとより「県産」という言葉の裏側には「国産」という言葉があるわけでして、それを批評する表現でもあったはずです。これを出版によるナショナリズム、ないしはナショナリズムとしての出版と見ることも可能でしょう。

ただし、決定的な違いもあります。それは、沖縄なら、「本土」との書き言葉の同一性が成立していますから、「本土」から本がどんどん入ってきうる（流通の時間差も小さくなったといわれます）のに対して、現在の日本なら、アメリカなどとは書き言葉の同一性がわずかですから、そこまでの状況にはなっていないということです。（しかしそれも、学術書に関して言うなら、理工系の学問だけではなく、人文・社会系の学問についても論文の英語化が求められる中で、揺らいでいますし、インターネット時代となって以来、書籍の流通も大きく変化しています。）

しかし、この点についてお話しする前に、そもそも日本を単位とする「地産地消」を、少なくともそれだけを、自分たちはめざしてきたわけではない、ということを確認しておきたいと思います。たしかに、名古屋大学出版会では、ごく初期のころを除けば、外国語による出版はしておらず、日本語による出版に特化しています。それはおもに、少ないスタッフでは、海外の需要（読者）の予測も、日本語と同レベルでの高品質の生産も、海外への流通も難しい、という現実的な制約によります。しかしながら、出版する本に関してはつねに、高い水準と、他の地域でも読まれうるような開かれた書き方による（ないしは複層化した「声」をもった）[*1]著作をめざしてきました。実際にも、それらの中には近年、中国語訳（簡体字＝大陸、および繁体字＝台湾他）や韓国語訳されるものも多く、モンゴル語訳された著作もあります。もちろん英語訳ないし英語版も。当然のことながら、テーマは日本に限定されるわけではありません。また、逆の流れとして、外国語の重要著作の日本語訳――近年の大学の業績評価では低く見積もられがちですが――にもずっと取り組んできました。さらに、それほど多くはありませんが、海外からの本の注文もあり、日本出版貿易などを通じて流通させています。

要するに、首都と対比される日本の「地方」という意味でも、世界的なメトロポリスと対比される「地方」としての日本という意味でも、そこでの「地産地消」をめざしてはこなかったのです。（ただし、後述するところからもおわかりいただけるように、そこでの著者や読者を大事に考えてこなかったということではまったくありません。）

2　普遍的な知の「地方」性

その上でのことですが、こうした意味での「地方」とは次元の違う、学問にとって本質的なこととして、ある種の「地方」性を考えるべきだと私は思ってきました。それはどういうことでしょうか。――大づかみに言えば、一般に普遍的な真理とされるものも、ある時、ある場所で、特定の形をとって見出されると考えられますから、それはその瞬間において、一挙に世界中で認識されるものではないでしょう。そうである以上、少なくともその時点では、ある種の「地方」性をもたざるをえないと言えます。これは自然現象の認識についても社会的事象のそれについてもあてはまることで、たとえば、ある時、ある地域の言語によって、人類史上初めて表現されて、まだ他の形では十分表現されていない事柄といったものを想像していただくとわかりやすいかもしれません。[*2] そして、こうした意味での「地方」的な知識や思想を見出し、より開いていくこと――科学という制度にはそれをなるべく効率よく行うという面があるわけですが――、そこにこそ学術出版の本来的な役割があると思うのです。

しかし、それは簡単なことではありません。知識の展開・普及は一気に成し遂げられるものではありませんし、つねに限定的・相対的なものです。知識や思想は手間ヒマをかけずともどこへでも普及可能だというのは幻想にすぎないでしょう。それはインターネットの時代にあっても同じで、世界中のどこでも「つながる」かのように考えている人は、かなりおめでたいにちがいありません。また、科学という制度にせよインターネットにせよ、その維持には膨大なコストがかかっています。さらに、科学というものの本質──仮説としての──からしても、絶対的な普遍性というものはありえません。これを、普遍的とされる知が必ずもつ「地方」性、ないしは相対的な普遍性と言ってもよいでしょう[*3]。

重要なのは、「地方」性に居直ることではなく、それが絶対的な普遍性には原理的に到達しえないものであってもその展開・普及をめざしていくことが学術出版だということです。それは簡単には進まないし、あれこれの交渉やコストをともない、最初に言った意味での「地方」という要素が、作用を及ぼす枠組みとして関わっていることもあるでしょう。特に日本という主権国家や日本語は一つの大きな境界をつくっており、それは知識や思想にとって制約であると同時に揺り籠でもあります。これを絶対的な境界としてその中で「地産地消」することは、学術出版のめざすべき方向ではないことは上にも述べた通りですが、そこに大きな敷居がないかのごとく振る舞うことは非現実的です。ただそれは、普遍性を志向する知がもつ「地方」性に作用する唯一の要素ではなく、ほかにもさまざまな要素が関わりうるのです。たとえば、いま「日本」語と言いましたが、日本の書記言語は一般に漢字仮名交じり文であり、そこにはすでに漢字が含まれています。これは日本の文自体が中国や東アジア漢字文明圏との関係なしにはありえなかったし、現在でも潜在的にはつながっているということです。漢字による筆談は古来行われてきましたし、また先ほど言及した名古屋大学出版会の本の中国語訳なども、漢字の共通性によるところが大きいわけです。ただし、この、文字を含む東アジアにおける諸要素の共通性を「東アジア的普遍性」という概念で捉えるような立場はここではとりません。むしろ東アジアという広がりも、普遍性を志向する知のもつ「地方」性に作用するもう一つの要素としておさえておきたいからです。いささか入り組んでいますが、この広がり（リージョナルな単位と呼ぶ人もいます）に関しても、その作用は認めつつも、それを境界とする「地産地消」はめざさないということです。

3 「めんどくさい」知とその普及

普遍性を志向する知が、「地方」性の中に生まれ、さまざまな要素が関わり作用していることで、けっしてフラットな世界を瞬時に移動するわけではないこと、にもかかわらず、いわば「襞」のある世界で、たとえ限定的であるにせよその知を——それが価値あるものなら——展開・普及させていくべきこと、を言いたいのですが、そこにはどのような知が含まれうるのか、次に一つの例をあげておきましょう。これはかつて水村美苗さんが『日本語が亡びるとき――英語の世紀の中で』（2008）で論じていたことです。

その本の中で水村さんは、現在の「普遍語」たる英語ではなく、日本語を含む非英語で書くことの意義についてふれ、英語の世界と非英語の世界との非対称的な（支配―被支配もどきの）関係によって、非英語母語者は「「言葉」にかんして、常に思考するのを強いられる運命にある」こと、そのことを通して、「この世には英語でもって理解できる〈真実〉、英語で構築された〈真実〉のほかにも、〈真実〉というものがありうること――それを知るのを、常に強いられる」ことを、絶望としてではなく、むしろ希望として述べています。水村さんは、この箇所では第一次的には小説を書くことを念頭に置いていますが、そのしばらく後で、ベネディクト・アンダーソン――『想像の共同体――ナショナリズムの起源と流行』（邦訳1987）で「普遍語」と「国語」の関係に深い洞察を示したあのアンダーソン――ですら、自らの母語たる英語の占める特権的な位置について十分認識できていなかった事実を指摘しています。英語を母語として書く人間が絶対にそうした認識に到達できないというのではありませんが、つねに英語との関係を考えることを強いられる非英語母語者が摑みうる複雑な〈真実〉には及ばないだろうというのです。そして、この「地方」的なものとしてしか生じえない〈真実〉は、間違いなく非英語母語者のあいだで共通する要素をもちますし――なぜなら、それぞれの言語によって英語との関係の仕方が異なるため〈真実〉も一様ではないとしても、英語と非対称な関係をもつことは共通し、また、他の言語において異なる〈真実〉があるだろうという認識も共通するから――、その認識を英語母語者に対しても普及させていくことは価値のあることでしょう。

このとき、その普及の範囲を「日本」という境界で区切るべきであるとか、「東アジア」という広がりにとどめるべきであるとかいう主張が意味をもつとは思えません。にもかかわらず、もしこの認識が水村さんの論考のように最初に日本語において表現されたとするなら、その普及のためには他の言語への翻訳も必要となるでしょうし（ちなみに英語訳に関しても、原理的に不可能だと考えられる部分もありますが、排除されるわけではありません）、しかも一気には進まず、それも含めて一筋縄ではいかないということがあります。ですから、そのことを肯定しつつ、それを開き、普及させるために、手間ヒマがかかっても取り組んでいくのが学術出版の仕事だと思うのです。[*4] いえ、学術と非学術の境界も一つの「地方」的な要素にすぎないかもしれませんから、少なくとも部分的には出版一般の仕事だと言うべきでしょう。いずれにしましても、「めんどくさい」[*5] 道を通ってしか――そうした道を含むものとしてしか――表現されない知やスタイルがあることを認識すべきなのです。

沖縄を遠く離れてしまったようですが、ここまで来てみるとかえって沖縄の出版社や書店の方々の情熱の由来がわかるのではないでしょうか。支配的であるアメリカや「ヤマト」との関係を考えることをつねに強いられること、そのことがもたらす別の、あるいはより複雑な〈真実〉についての認識——そこには、政治的不正義についての洞察が含まれる一方で、アメリカや「ヤマト」との関係には本来置かれないはずのものまでが織り込まれてしまうわけですが——いったい彼らがこれを表現し、かつ読まずにいられるでしょうか。それはまずもって大切にされなければならないものです。そうした認識——「ヤマトンチュ」が普通は素通りしてしまい、なかなか到達しえない認識——について、「地産地消」という枠、少なくとも「地消」という枠をはめてしまうことには、もしそれが文字通りに主張されるなら、とても残念な思いがしますが、それはもはや私があれこれ口出しすべき事柄ではないでしょう。

沖縄の夜は長く、初日のプログラムを終えた後の飲み会で、新城さんや宇田さん、そして大学出版部の仲間たちと、なぜか泡盛ではなくワインを飲みながら、このことを大声で議論したことが忘れられません。「あんた、よくしゃべるねえ」「そっちこそ、言ってくれるじゃないですか」——実に愉快な夜でした。そしてそれは、彼らの最高のもてなしの技だったと思っています。

＊

書物はとじる（綴じる＝閉じる）ことによって開かれるという構造をもっています。本をめぐる問題はいつもどこかしらこの構造を反復しているとはしばしば感じることですが、ここで知の地方性と普遍性に即して考えてきたことも、そのように捉えられるのかもしれません。

付録　インタビュー「学問のおもしろさを読者へ」

――最初に、名古屋大学出版会の出版活動について教えていただけますか。

橘　現在スタッフは編集六名、総務・営業四名の計一〇名です。名古屋大学の職員ということではなく、人件費も含めてあらゆる経費を完全な独立採算で賄っています。

ここ数年の年間出版点数は三〇点代前半で、当面、無理のないこの刊行点数を維持したいと思っています。出版分野は人文学から社会科学、また医学を含む自然科学とオールラウンドですが、刊行点数は人文学・社会科学が多いですね。

日本の大学出版部の組織形態はさまざまで、名古屋大学出版会の場合、評議員・理事に名古屋大学と近隣の大学の先生方になっていただいています。知的な、あるいは精神的なバックアップはとても大きなものだと思います。その下にわれわれ実働のスタッフがいるという形です。

――その中で橘さんはどのような役割を担われているのでしょうか。

橘　組織の中での位置づけとしては常務理事（現在は専務理事）・編集部長という役職に就いていますが、同時に一編集者としての仕事もしています。企画を立てて、原稿を書いてもらって、それを本にしていくということです。

東京大学出版会の竹中英俊さんが言われていたように、役職業務の方は「兼愛」、すなわちある種のバランスが求められますが、編集者業務の方は「偏愛」、すなわち惚れ込んで思い入れて仕事をしていく要素が抜き難くありますね。

1　企画が生まれるまで

――本日は、「偏愛」の方、すなわち橘さんの編集活動に焦点を当ててお聞きしたいと思いますが、企画は具体的にどのようにして生まれてくるのですか。

橘　ごく普通のことですが、読んだり会ったりする中からです。「犬も歩けば企画にあたる」くらいのつもりで、今までおつき合いのある著者、あるいは今後著者になりそうな人に会い、話を聞きます。そしてそのためには少なくともその人の書いたものを必ず読んでいきます。もちろん原稿やゲラと向き合うことも大切にしていますが、デスクワークばかりになってしまうと、なんとなく気持ちが悪くなってきますね。ただ、学会や研究会などにはあまり行かず、基本的には一対一で会って、じっくり話を聞かせていただくという形が性に合っているようです。

――名古屋という立地条件をどのように捉えていますか。東京や京都などと比較すると大学の数が少ないので、気軽に訪問できる研究者も限られてくると思いますが。

橘　たしかに、名古屋に限定すると、研究者の層は厚くないと思います。ある一つの分野に数多く研究者がいるという状況ではないでしょう。ですから、どうしても活動の範囲を広げざるをえなくて、東京や関西などにもよく出掛けます。

ただ、そういう場合でも、結果的に名古屋コネクションが生きてくることもあります。名古屋圏の研究者は、地元出身でそのまま名古屋で長く勤められるかたもいらっしゃいますが、他の地域から名古屋に赴任され、また他の地域に出ていかれるかたも多いのです。それは残念なことですが、積極的に捉えれば、名古屋時代に築いたつながりが拡がっていくことでもあります。

――企画を立てる、原稿を判断するときの方針、あるいは心掛けていることはありますか。

橘　簡単には答えにくい質問ですね（笑）。あえて言えば、「原稿第一主義」でしょうか。あちこちに出掛けて行って先生方といろんな話をさせていただいて企画が生まれてくるのですが、途中のプランがどれだけよく出来ていても、あるいは、研究会などでの著者の発表がどれだけ素晴らしくても、やはり最終的な原稿が、つまり読者に示すものがよく書けているかどうかが勝負だと思って、そこを中心に考えます。ちなみに、編集者は「第一読者」だとよくいわれますが、純然たる読者というわけではありません。しかし、そうした読者の目線ももつようにして考えるわけです。

執筆途中の原稿に意見を求められることもありますが、著者がよほど行き詰っている時でなければ、まず著者として精いっぱい書き上げたものを読ませてください、とお願いします。その代わり、書き上げられた原稿は、それこそ「一期一会」のつもりで読む。時間がかかりますけどね。

その際、少し遠くから徐々にその原稿の中心へ近づいていくときの感覚を大切にします。どうやって読者がこの本に近づいてくるのかを、自分の心身を介して知るためです。

――「原稿第一主義」という点では、橘さんの仕事ぶりを傍目で拝見し、あるいは著者などから聞くところによると、こうすればもっとよくなるんじゃないか、こうして欲しいという感想・要望を臆せず積極的に伝えていますよね。

橘　そう心掛けています。もちろん、いつでも意見をいろいろと思いつくわけではありませんが、わずかでも言えることがあるときはきちんと言うのが仕事だと思っていますし、それを言わなかったら、仕事として何をやっているかわからないでしょう。ですから、それは一番大事にしている部分です。以前、編集者の役割の一つは、著者を「挑発」して、いい原稿を書いてもらうことだと申しましたが（「挑発＝媒介としての編集」『大学出版』八八号。本書第1章参照）、そのために編集者が自分の感じたことをぶつけていくのはとても重要です。

編集者は特定の学問分野の専門家ではありませんが、そうであるからこそ言えることもあるわけです。専門家が専門分野の中からは言えないことや、多くの分野に関わる編集者であるがゆえに見えて言えることがあるはずです。もちろん、編集者の感じたことがいつも正しいというわけではないのですが、その意見を著者に一種の「発見法」として利用していただくことはできます。いや、「発見法」としてすら使えなくても、執筆の方向や論点の、いわば「確認」のために利用していただくだけでもいいのです。

「挑発」というのは出版上の恩師の故後藤郁夫さん（元名古屋大学出版会専務理事・編集部長）の言葉ですが、おもえば、その後藤さんに拾ってもらって入社してすぐの時期、著者に会いに行くと「名古屋大学出版会ってまだつぶれてなかったの？」「そんなものは知らん」とよく言われました。存在を認められていないところに自分は入ったんだって思ったものです。ですから、自分が担当した本が出来上がったとき、自社のアピールも兼ねて、自分がつくった本はこんなにおもしろいのでとにかく読んでほしいと、お会いする先生ごとに言っていました。

この、おもしろいから読んでほしいというのは、企画の段階にせよ本が出来てからにせよ、編集という仕事の原点だと思いますが、それを言うためにも、著者や原稿と「つき合って」、つまり編集者の心身をくぐらせて、この点はひっかかるとか、素晴らしいとか、これを書いていただけないかとか、著者に伝え、自信と責任をもって出版できる作品にしていく必要があるわけです。

付け加えますと、本を読むことで人生がしょっちょう変わるのではないにしても、われわれ編集者は、時折とてつもない企画や原稿に出会ってクラクラするような衝撃を受けることがあります。そしてよくわからずに途方に暮れ、しかし時間をかけて理解に努め、徐々に本に仕上げていく中でその衝撃を読者に伝えることを仕事の醍醐味としているわけです。そうであれば、それを著者たちにも伝えることは、それ自体が「挑発」になり、仕事の種ともなるのです。

――その「挑発」に乗っていただけないかた、あるいはその「挑発」が引き金となってトラブルが発生してしまうこともありそうですが。

橘　たしかにあります。著者と意見が異なることもありますし、あるいはその場では肯いていただいたものの実際の原稿にはほとんど反映されないこともあります。

それは仕方のない部分と、そうではない部分があると思います。先ほど言いましたように、自分の意見がいつも正しいと思っているわけではさらさらないのですが、あるレベル――読者の目線のレベル――に関しては、普通に読む、あるいは読んだ人がこう思うであろうことを意見として言っているだけなのです。ですから、特殊な修正を要求しているつもりはなくて、論理的におかしいところはおかしいと言って整えてもらう、あるいは文章展開をふまえればごそっと抜けていると思われる部分は足していただくなど、普通に読者の状態で読めば気づくであろうことを申し上げているのです。その上で、著者の見解と突き合わせ、たとえば資料がそもそも存在しないので加筆にも限界があるということであれば、ではどうしようかと相談していくことになります。

とにかく編集者としてしっかり意見を伝えていくことは、学術書を、限定された専門家の範囲だけでなく、隣接領域を含む「関心をもつ読者」に開いていくためにはとても大切なことでしょう。

2 橘流「編集活動」とは

――ご自身の編集活動の特徴はどのあたりにあるとお考えでしょうか。

橘　これも難しい（笑）。著者から「厳しい」と言われることもありますが、実際は優しいんですよ（笑）。自分が話を聞いたり原稿を読んでおもしろいと思ったことを、いかに魅力的なものとして読者に届けていくかという前向きなスタイルですし、大家の先生の推薦や予想売り上げ部数の多さだけで判断せずに、原稿内容そのものを重視していますから。

ただ、非専門家である自分の感覚だけに頼ると独りよがりの判断になる危険がありますので、専門の先生方に意見や評価を、とりわけ本音を引き出す形でお伺いしています。そして、専門家の評価と、自分がおもしろい、あるいは何かひっかかると思った部分を突き合わせ、その上で出版の可否や方向を判断します。もちろん、企画は社内の会議や理事会でも検討します。だから、いたって普通なのですが、自分の感覚を大切にしつつ、それを一度相対化して、その上でもう一度判断するということを、しっかり意識して実行することが大事だと思っています。

もう一つ言えば、固定しがちな分野を越境していく内容におもしろさを感じるところがあります。これは、私の特徴というより、一人の編集者がいろいろな分野の作品に取り組まざるをえないわれわれの小所帯ゆえの特性を、積極的に生かそうとしているということでもあります。

——今までの経歴の中で、自分らしさが表れた担当作品を具体的に紹介していただけますか。

橘　三つほど紹介したいと思いますが、一つは、分野を跨いでつくった作品と言える、齋藤希史先生の『漢文脈の近代——清末＝明治の文学圏』です。

この本をつくるきっかけは、その前に出版した籠谷直人先生の『アジア国際通商秩序と近代日本』にありました。これは当初愛知学泉大学、次いで名古屋市立大学に勤務されていた籠谷先生の単著ですが、幕末・維新期に日本が開国した際、「黒船」に代表される欧米勢力だけではなく、ジャンク船に乗って中国系商人も数多く来航し、それが近代日本の経済史に大きなインパクトをもたらしたことを明らかにした労作です。

私はもともと文学に関心がありましたから、はたして文学でも同じような問題があるのか、いや、あるんじゃないかと思って、探しはじめました。そこから齋藤先生の論文を見つけ、当時奈良女子大学にお勤めだった先生にお会いしたわけです。実際には単純なアナロジーではうまくいかなかったのですが、ともかく手掛けていた作品から着想を得て、研究している人を探して会い、自分の考えを一生懸命伝え、曲折を経ながらも、いい本が出版できました。

続いて、同一人物の中でテーマを跨いでいった例として、伊勢田哲治先生の『動物からの倫理学入門』をあげたいと思います。伊勢田先生は最近まで名古屋大学にお勤めでしたが、赴任したてのころ、『疑似科学と科学の哲学』という、科学哲学についての入門書を書いていただいています。ニセの科学と真正の科学をどうしたら区別できるのか、その「線引き問題」といわれるものを使って、科学哲学のさまざまな問題を考えたロングセラーです。

その伊勢田先生に新しい本を書いてほしいと思っていたとき、「動物倫理」という、動物に対してどうすれば倫理的な扱い・振る舞いができるかを論じる分野があることを知りました。ちょうど翻訳などを含めて本がいくつか出はじめていた時期ですし、伊勢田先生も論文を書かれていましたが、それをストレートに扱えば二番煎じになりそうでしたので、工夫が必要でした。しばらく考えあぐねていましたが、ふと、『疑似科学と科学の哲学』で扱った「線引き問題」を使うことで、つまり動物の倫理と人間の倫理をどう区別できるのかを考えることで、逆に動物倫理を使って人間の倫理学を再構築する形で本が書けるのではないか、と思いついたのです。さっそく先生に自分の考えをぶつけてみたところ、興味を示され、目次はスムーズに出来上がりました。その後の原稿までは時間がかかり、目次構成も当初のものから修正されるのですが、力作が出来上がりました。先ほどの『漢文脈の近代』が「籠谷先生から齋藤先生へ」という流れだとしますと、『動物からの倫理学入門』は「伊勢田先生から伊勢田先生へ」の流れと言えますね。

三つ目は、岡本隆司先生の『属国と自主のあいだ――近代清韓関係と東アジアの命運』です。これはどちらかというと、私が主体的に仕掛けたものではなく、つき合いの流れの中で生まれたものです。この作品はサブタイトルに「近代清韓関係」とあるように、中国と朝鮮半島の関係を扱っています。「日朝」関係あるいは「日中」関係の研究は数多くありますが、なぜか「清韓」関係というものはあまり見られない。当時の東アジアの秩序を考えれば、そこがないということはありえないわけですが、死角となって見落とされていたのです。岡本先生はそこに着目して論文を書かれ、お会いしたときにたまたまその話をされました。即座に「それはおもしろい！」と申し上げたことが、『属国と自主のあいだ』刊行へとつながりました。

このときは言うなれば「流され戦法」です。こちらからあらかじめテーマを設定して原稿依頼をするのではなく、著者の構想に寄り添い、流されて流されて、最終的に本にたどりつくやり方です。もっとも、これは私自身の働きかけを消極的にしか及ぼさずに著者の思うままに「流される」わけですから、心から信頼できる著者でなければ取りえない戦法です。それがうまくいって画期的な本が生まれました。

――ご自身の編集活動全般につき、気をつけていることはありますか。

橘　自己模倣に陥らないように注意しています。経験を重ねて企画や原稿を判断する目（心身）を鍛えることは大事ですが、得意分野のようなものが出来てしまうと、それに偏りがちです。人は自分を模倣しますから、その壁は意識的に突破しなくてはなりません。本のつくり方についても同じです。うまくいっているとき人はそれを変えたがりませんが、むしろ新しいものを見てさらによくしていくという気持ちが大事です。知らぬ間に自己模倣のサイクルに入ってしまい、狭い世界に閉じこもってしまうのは怖いことです。

――自己模倣に陥らないようにするには、具体的にはどうすればよいのでしょうか。

橘　企画活動という点では、新しい分野の著者と会うことだと思います。むしろそれしかないと思うんですよ。無理やりにでもいいので、たとえば、たまたま知り合いになった人でもおもしろいことを言っていたら、「もうちょっと聞かせてください」と言って詳しく話を聞く、あるいは、たまたま読んだものがおもしろかったら会って詳しく話を聞く、ということです。最初は意味がわからないこともあるでしょうが、話を聞いて学んでいくうちに、こんな鉱脈があったんだ、学問的にこんな動きがあるんだ、と気づかされ、自分の視野も広がっていくと思います。

3　大学出版部の編集活動について

――最後に、他の大学出版部の出版活動について感じるところをお聞かせください。

橘　母体大学への短絡的な貢献が言われますが、普遍性をもったおもしろい本を読者に読んでもらうことを第一に考えて編集すべきです。それによっていい形で本が読まれ、その結果として母体大学への貢献になるという間接性が本来の姿ではないでしょうか。これは著者に対するスタンスと同じです。それには、編集者はじめ出版する側がほんとうにおもしろいと思い、原稿をしっかり読んで出版するしかありません。

そうしていかないと、普遍性への感覚も「おもしろい」と感じる力もなくなってしまいます。それでは結果的に、読者が読んでも手ごたえのない本になるだけですから、各々事情はあっても、ここは編集者ががんばる以外にありません。

それに、きちんと編集して、いい作品に仕上げれば、販売部数も、倍増はしないとしても、プラス一〇〇部以上は可能となり、それは学術書出版社の利益にとって大きなものです。そうなれば、粗製濫造に陥らずに、クオリティの高い本をつくるための手間ヒマをかけられるわけです。その好循環の方向に絶えず力を働かせていく必要があると思います。

（聞き手：東京大学出版会・山田秀樹氏）

註

序章　学術書とは何か

＊1　以下、特に明示しない場合は、「紙の書籍」という言葉で、冊子体の書籍を指すことにします。
＊2　以下、特に明示しない場合は、「売り上げ」という言葉で、販売部数等ではなく、実売金額を示します。
＊3　上記の林氏の見方に対して、たとえば「電子書籍市場の八割は電子コミックなのであって、テキスト系書籍を刊行している多くの中小出版社には、いくら電子書籍市場が拡大しようと、なんら福音」はなく、「一方、コミックを発行している大手出版社の場合は、雑誌の販売収入および広告収入が大きな経営の柱となっている。したがって、出版社の経営という観点からいえば、電子コミックがいかに売れようと「焼け石に水」だという批判があります（高木2015）。なお、その後、林2016aが公表され、本書の校正段階で知りましたが、以下の議論に変更はありません。
＊4　これに関して、国民一人あたりの書店の少なさなど出版環境が日本に比べて電子書籍に向いているとされるアメリカでも、電子書籍が売り上げ部数に占める割合は二二%にまで上昇した後（植村2013a）、「二〇一三年度を境に成長を止め、電子書籍市場が紙書籍市場に取って代わるといったようなアナリスト予想は完全に外れてしまっている」といわれます（高木2015）。これが一時的な踊り場現象なのか長期的な傾向なのかは予断をゆるしませんが、少なくとも予測の困難さを示しているでしょう。
＊5　橋元氏は具体例として、二〇一四年に学術書出版社六社によってスタートした電子書籍サービス「新刊ハイブリッドモデル」を紹介しています。これは、慶應義塾大学出版会、勁草書房、東京大学出版会、みすず書房、有斐閣、吉川弘文館が、丸善（現在は丸善雄松堂）などと共同で、学術・研究機関（図書館）を対象として学術書の新刊を紙の

書籍と電子書籍のセットで販売するという試みですが、上記の出版社に限られるものではなく、その後、「理工学」系七社、「医学」系二社が加わっており（二〇一六年四月現在）、さらに広く学術書出版社が参加することが期待されています。

＊6　この傾向は、『出版年鑑』（出版ニュース社）の数字の方がいっそうはっきりと示しています。

＊7　現在の委託販売制の下で、返品分を上回ろうと、新刊を次々に出しつづける、自転車操業に陥った出版社の姿はよく指摘されるところです。

＊8　言うまでもなく、十分手間ヒマをかけてつくられた、優れた本は間違いなく存在します。おそらくは、その量はそれほど変わらず、そうではない本が増えているということかと推測しますが、これは検証が困難です。しかし量的把握が難しいとしても、すべての本が粗製濫造されているかのように言うとすれば、それは完全に間違っていますし、その一方で、「粗製濫造」へ向かう傾向はたしかに存在しますから、それがもたらす悪循環にはブレーキをかけ、逆方向に転じていかねばなりません。

他方、書き手にとっては、出版すること自体は比較的容易な時代になっていると言えるかもしれません。たとえ積極的な執筆依頼が特定の「売れっ子」の書き手に集中する傾向があるとしても、それでカバーできるような刊行点数の増加ではないからです。しかし、そのことと、書き手が、いきとどいた編集に出会えるかは別のことであり、いわば不幸な出版が増えているのだと思われます。

＊9　売り上げに対して過剰となった出版点数が出版流通システムに大きな負担をかけていることはよく知られているでしょう。

＊10　誤解をおそれずに言えば、むしろ「悪書」こそ出版するに値し、読んでおもしろいものではないでしょうか。ここでは、編集者が内心「つまらない」と思っているにもかかわらず、それを出版していることを言っています。

＊11　特に現在のように、電子的な「自己出版（セルフパブリッシング）」が可能になっていれば、質を問わずそうした形で公開できるわけですから、出版社が質の高いものだけを（あるいは、質を高められたものだけを）出版したとしても、それ以外のものが公開不可能になるわけではなく、その意味では社会的な損失も生じません。もちろん、「自

己出版」による作品の質が必ず低いと言いたいわけではありませんが、次のような厳しい意見にも耳を傾けておくべきでしょう。「新たな市場創出と指摘される「自己出版」は、玉石混淆どころか良い作品に出会うことはまれである。自己出版における作者と読者を橋渡しする出版社の不在は、ゲートキーパーの不在であり、売り手の自己満足は必ずしも読み手を充足させるものではない」（植村 2013a）。ちなみに、「自己出版」という言い方はともかく、そうした行い自体は、電子化によって始まったものではなく、たとえば同人誌やミニコミ誌などの形で以前からあるものです。しかし、出版のための（見かけの）コストが減り、流通範囲が、可能性としては、大きく広がったということが重要でしょう。ただし同時に、狭いながらも固定的な流通範囲を失うことによって、かえって誰にも読まれないという現象も生じていると考えられます。

＊12　書籍一点あたりの利益が小さいものを、多くの点数出版することで、ある総利益が確保されるという状態に現在あるとして、それぞれの書籍に手間ヒマ（説明の便宜のために労働生産性を一定とすれば労働時間と見なされます）をより多くかけることで一点あたりの売り上げ部数を少しずつでも増やして利益を増大させ、そのぶん出版点数を絞ろうと述べているわけです。付加価値を上げる戦略ということになりますが、それを読者にとって過剰なサービスにならない範囲で行えば（価格を下げないとしても上げないのであれば、少なくとも見かけ上は読者に負担をかけない形となります）、それが出版という事業の目的にも適い、出版業界全体の利益にもなることが重要です（なお、付加価値といっても、仕事の中身は、たんに付け加わるようなものでないことは言うまでもありません）。ごく単純化して言えば、書籍一点あたりの利益の増大は、価格を一定とすれば、追加的に投入する労働時間のコストと、部数の増加にともなう製作（印刷・製本）費の変動部分の増分を、部数増加分の売り上げが上回るときに実現されますが、通常、部数増加分の売り上げは製作費変動部分の増分を大きく上回るはずです。初歩的なことかもしれませんが、この部分は利益の増加率が高く、あらためてもっと注目してよいのではないでしょうか（利益に注目する、第一次的なポイント）。このとき部数増加分の売り上げの合計が、追加的に投入する労働時間のコストの合計と、部数の増加にともなう製作費変動部分の増分を十分上回ることが見込めれば、出版点数を絞ることができます（その場合にはもちろん、削減された点数の書籍の製作に投入されるはずだった労働時間のコストと、製作費の固定部分と変動部分も削減され

ます）。このとき、出版点数を絞ることによって削減されたすべての労働時間より、一点ずつに追加的に投入された労働時間の合計が同じか小さければ、出版社にとっての総労働時間は増えません。つまり、手間ヒマは増えません。また、ある条件の下では、総労働時間が同じで、総利益が増加するにもかかわらず、総売り上げが減少することがありえますが、「売り上げ金額ではなく、利益に注目する」という表現で最終的に言っているのは、そのケースを避けないということです。もちろん、総利益が増加し、かつ総売り上げも増加する場合は、結構なことでしょう。いずれにしても、個々の出版社の経営的な観点からは、売り上げに惑わされず、利益に注目することが大切です。

ただし、念のために付け加えておくなら、（前後を含めて）ここで言いたいのは、たんに追加的な労働時間の投入を可能にすればよいということではありません。直感的な言い方になりますが、さまざまな場面であと少し「手間ヒマ」をかければ本がグッとよくなる段階があり、それは経営的にも大きな利益になるので、個々の本をそうした状態に到達させられるよう、出版社としての質的発展をめざすべきだということです。上では便宜的に労働生産性を一定と仮定して説明しましたが、長期的には個々の編集者（や他のスタッフ）の知識の累積を促していけるかどうかが大きなポイントになるでしょう。そのためには、時間はもちろん、たとえば冒険や仲間も大切です。が、ここから先の定式化については、もっと巧みなかたがいるはずですので、おまかせしたいと思います。

＊13　こう言うと、いわゆる「選択と集中」を説いているように聞こえるかもしれません。が、そうではなく（ここでは述べませんが、この考え方には異論があります）、むしろそうしたことを議論する以前の問題であり、いわば「過剰さからの脱出」です。その「過剰さ」の意味については、前述した通りです。

＊14　ちなみに、もう一つの経路は「伝統的なメディアの情報財の購入までの主観的なハードルが、ウェブ上で生み出される情報財と比べて、相対的に上がることによる」とされていますが、ここでの議論とは直接関わらないので省略します。

＊15　たとえばハードウェアの更新が数年ごとに必要になりますから、それを割り振った費用がかかることになります。

＊16　ここから、特定のベストセラー本に需要が集中する傾向が強まっている理由の一つもわかります。

＊17　厳密には、経験財であっても、事前に検討（探索）できる部分がありますから、財そのものとその属性とを区別し、

経験属性が優越したものを経験財、探索属性が優越したものを探索財、信頼属性が優越したものを信頼財とします。たとえば、書籍についても、タイトルから或る程度内容が推測できるものが多いわけですから、探索属性をもっていると言えます。

＊18 『二〇一五年版 出版指標年報』によれば、日本における二〇一四年度の紙の書籍市場は七五四四億円、また『電子書籍ビジネス調査報告書二〇一五』によれば、電子書籍市場は一二六六億円ですが、後者にはコミックスがすべて含まれているのに対して、前者には雑誌扱いのコミックスが含まれていませんから、図0‐1における林氏の計算法にしたがって紙のコミックス市場二二五六億円のうち雑誌扱いを七五％として一六九二億円を加えますと、紙の書籍市場が九二三六億円、「総合書籍」市場が一億五〇二億円となり、電子書籍市場の割合は約一二・一％ということになります。しかし、電子書籍の約八割はコミックスだといわれますから、コミックスを除いた電子書籍市場の割合を見ますと、まずコミックスを除く紙の書籍市場が五二八八億円、コミックスを除く電子書籍市場が二五三億円（電子書籍市場全体の二割と仮定して計算）、コミックスを除く「総合書籍」市場が五五四一億円となり、コミックスを除く電子書籍市場の割合は約四・六％ということになります。学術書における電子書籍市場の割合は、これよりもさらに小さいと考えられるわけです。

＊19 実は電子書籍にはさまざまな定義がありますが、ここではいわゆる「コンテンツ系」の電子書籍、すなわち「紙の書籍に代わる有償あるいは無償の電子的著作物で、電子端末上で専用の閲覧ソフト（ビューワー）により閲覧されるフォーマット化されたデータ」（植村 2013a の定義を一部改変）を念頭に置いています。『電子書籍ビジネス調査報告書二〇一四』では、「電子書籍は、「書籍や出版物の情報をデジタル化し、印刷物の替わりに電子機器のディスプレイ上で閲覧可能なコンテンツ」のことである。すなわち、書籍の体裁に近い形で電子化され、書籍が書店流通を通して販売されるのと近い形で電子書籍ストア（サイト）で販売され、PCやフィーチャーフォン／スマートフォン、タブレット、電子書籍専用端末等の端末上で読書に近い形で活用されるデジタルコンテンツである。当［インプレス］研究所においては「書籍に近似した著作権管理のされたデジタルコンテンツ」としている。ただし、電子雑誌、電子新聞や、教科書、企業向け情報提供、ゲーム性の高いもの、学術ジャーナルは含まない」とされています。

言うまでもなく、これは狭い意味での電子書籍にすぎず、その外側に、「書籍」とは呼ばれず、「出版」とも呼ばれない、多様な実践が広がっていることを忘れてはなりません。それをふまえて、前述の「紙から、紙プラス電子へ」を再定式化するなら、(紙本＋コミュニケーション的諸実践)→{(紙本＋電子本)＋電子によるC的諸実践＋電子以外によるC的諸実践}となるでしょう。上記の林氏の現状認識は、矢印の下側の{ }内の( )の力が十分強いというものですが、他方、その( )の力があまり強くはなく、電子本と電子によるコミュニケーション的諸実践との間に相互作用や移行関係(特に前者から後者への)があり、もっとそれに注目すべきだと考える人もいるでしょう。

*20 ただし、二つだけ述べておきます。

(1)一つは、世界的に巨大化した学術電子ジャーナル市場において寡占的地位を占め、ジャーナル価格高騰の要因となっているいくつかの大手出版社と、日本の学術「書籍」出版社のあり方とははっきり異なるものだということです。特にわが国では、かつて箕輪成男氏が述べていたように、「政府資金その他公的資金によって支えられることの少ない日本の学術出版は、多数の出版機関(その大部分は商業出版社である)が他の収益的出版事業の利益のうえに、少しずつを分担することによって成り立って」きたのであり(箕輪 1982)、それを引いて橋元氏も強調しているように、「日本の出版界そのものがすぐれて〝公共的〟なインフラであったと言うこと」ができるのです(橋元 2015)。注5にあがっている出版社のほか、岩波書店のような大手の学術書出版社(ないし学術書部門のある出版社)、あるいはミネルヴァ書房や朝倉書店のような中堅学術書出版社、さらには多くの小出版社まで、その活躍なくして日本の学術書出版はありえなかったのであり、にもかかわらずそれを、現在の学術電子ジャーナルの寡占的出版社とひとくくりにされては、迷惑です(実際にそういう経験をしたので、こう記しています)。日本の学術出版が学術電子ジャーナルの主たる担い手になりえていないことに対する批判をふまえても、やはりそう考えます。ですから、ジャーナルの価格高騰に対していくつかの制度的対応が試みられていますが、その中でも、こうした学術「書籍」出版社を害することのないよう十分な配慮を求めたいと思います。

(2)もう一つは、学術雑誌の価格高騰の背景には、論文数の急増があるということです(図0-3)。そもそも投稿数が大きく増えているわけで、すでに査読の際にも論文の新規性まではなかなか検証できないとされ、「論文の大多数はもはや、研究者の共有知識でもなければ新規な発見でもな」く、このまま個々の研究者が論文の質を上げる努力をしなければ、いずれアカデミア全体の信用が失墜するとまでいわれています（有田2010）。当然、査読が甘くなるとされる著者支払い型のオープンアクセス・ジャーナルではなおさらこの根本的な問題は解決できず（むしろその要因となっており）、また、質の保証を初出掲載の学術雑誌などに依存する機関リポジトリについても同様です。詳論する余裕はありませんが、おそらくこの問題は、学術論文についての評価システム、いや、学術成果についての考え方そのものを見直さなければ解決できないと思われます（注28も参照）。

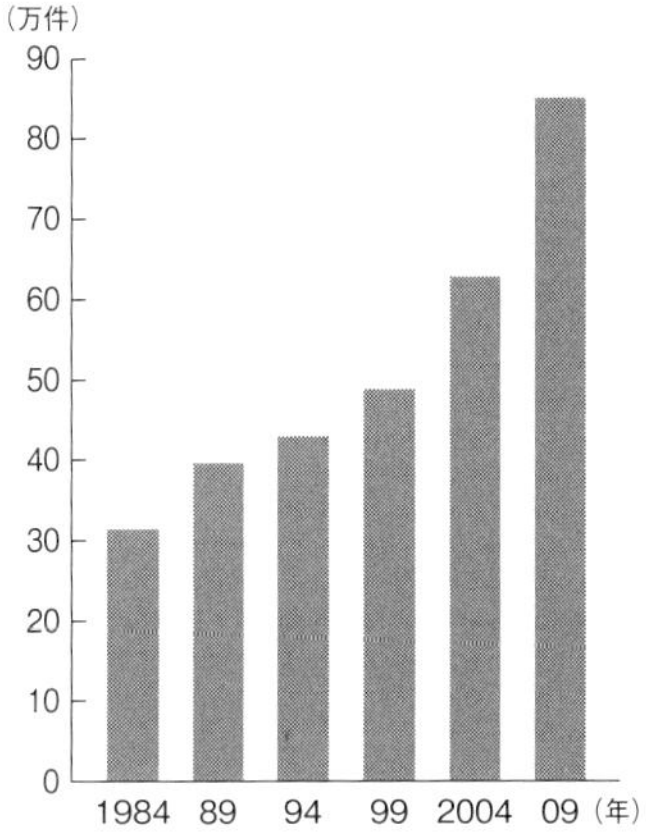

図0－3　生命科学の文献データベースPubMedの年間登録論文数

注）有田2010より。PubMedのウェブサイト（http://www.ncbi.nlm.nih.gov/pubmed）によれば、2016年現在の登録論文総数は2500万件を超えているとのこと。さらに有田正規氏は、PubMedに収録されない論文も多いことに注意を促しています。

＊21　わが国の薬学、総合生物、生物学、化学、物理学の分野で半数以上の研究者が電子ジャーナルをほぼ毎日使っているという調査もあります（学術図書館研究委員会2015）。

＊22　「学術論文」と一口に言ってもそのあり方には学問領域によって大きな違いがあり、それを「論文」という同じ言葉でくくってしまうことで、さまざまな認識障害がもたらされている面があることについては、第1章も参照してく

ださい。

＊23　名古屋大学の長尾伸一氏は、「個々の科学的研究の背後で働く巨大仮説という、最も重要な学問的動機づけ」を指摘し、その存在を否定してしまえば「全体的知識を求める深い内面的衝動を失い、研究機械に転落した科学者に残されるのは、トムソン・ロイターのデータ・ベースに記載されるような「業績をあげる」ことで手ぢかに実現できる出世欲や名誉欲だけになり、日々積み上げられる論文の山に隠れて、科学の本質的な歩みは停滞するだろう」と述べています（長尾 2015）。

＊24　前者を「作品としての論文」、後者を「情報としての論文」と言ってもよいかもしれませんが、より正確には、上に見た探索財／経験財／信頼財の場合と同様に、いずれもが作品（属）性と情報（属）性の両方をもっていると捉えた上で、作品性が優越している論文と情報性が優越している論文という形で区別するのがよいでしょう。

＊25　「作品」という概念は人間の有限性に根拠をもっていると考えられます。言うまでもなく、個々の人間の時間あたりの情報処理能力は限られており、また個人の生命の時間も限られています。だからこそ、情報量の多さとは異なる観点から知識を統御する必要があるわけです。これは（文章表現における）作者についても、また読者についてもあてはまります。もちろん、作品性だけが有限性との折り合いのつけ方ではないでしょうし、個人の有限性を社会の共同性によって乗り越えようとすることはつねに行われてきました。いやむしろ、作品は他者へと表現されるものである以上、作品性自体が共同性との関係の中で機能してきたと言えます。そして、科学における知識の積み上げは、たとえば、ある発見をもたらした論文の表現ではなく著者名のみが記憶されることがあるように、かなりの程度作品性を犠牲にすることによって実現されてきたとも言えます。しかし、ここで述べているのは、そう思われてきた科学の営みにおいても、さらに分野によっては巨大科学化することで作品性が極小にまできりつめられているものがあるとしても、実はそこに作品性が作用し、情報性との相互作用によって、知識の発展がもたらされてきたのだろうということであり、そうである以上、その作品性を見失ってしまってはならないということです。

＊26　「電子化」という表現に違和感を覚える人のために言っておきますと、「紙と電子、それにウェブを同時に制作するＣＭＳ（コンテンツ管理システム）」（林 2016b）などを使ったとしても議論はまったく同じです。

＊27　現在の電子書籍に詳しい上記の植村氏と林氏の二人は、いずれも「マルチメディア」ないし「リッチコンテンツ」の発展に否定的です（植村 2010b、林 2016b）。植村氏はその理由として、「文字は言語そのものであり、私たちの一番基本であるコミュニケーション」であるゆえ、デジタル技術においては「文字表現がさらに速度を増して、さらに距離と時間を越えて複製されることが重要」だからだと述べています。私がここで言っているのは、そうした「マルチメディア」化・「リッチコンテンツ」化の方向のことではなく、「紙」と「電子」のメディアとしての違いが、長期的には大きな違いをもたらすはずだということです。この点に関して、すでに二〇〇三年に長谷川氏は、冊子体に支えられて成立したモノグラフの「溶解」と、それによる「作品」概念（したがって「知識」概念）の変容を予見していましたが（長谷川 2003）、以下では、それが半ば現実化した中で、引き返すのでもなく、そのまままっすぐ走るのでもなく、軌道修正の可能性を探りたいと述べているのです。

なお、そもそもメディアは「紙」と「電子」の二つだけではなく、「紙から、紙プラス電子へ」という場合、第一項（〜から）における「紙」が他のメディアとも交渉し関係をもってきたように、第二項（〜へ）における「紙」と「電子」も相互交渉しつつさらに他のメディアとも交渉し関係をもっていくことでしょう。植村氏や林氏が否定しているのは、第一項における「紙」と他のメディアとの関係をほぼそのまま第二項にもちこもうとした試みだと考えられますが、だからといって、第二項におけるメディア間の相互交渉まで否定するということではないでしょう。たんに予測が困難だということではないでしょうか。

＊28　しかも、注20でふれたように、論文数の増加のせいで、分野によってはすでにこうした意味での信頼性の担保が困難になっており、国立遺伝学研究所の有田正規氏によれば、「こうした査読の実態を正当化するのが、オンライン誌が掲げはじめた「理に適えば採択」という基準である。これは査読者の主観で不採択になる理不尽さを解消するための善意の施策とも言える。内容に関する議論を、論文採択時ではなく掲載後にオープンに行おうという正しい主張でもある。（中略）結果として、何でも発表できる環境を整え、論文数の急増を招き、サーベイ・査読の手間を無闇に増やし、学術発表の本質を変化させてしまった」。にもかかわらず、「新聞の科学欄は相も変わらず論文成果を科学的真理であるかのように扱うし、その内容が健康・機能性食品の裏づけにも利用される。少なくとも日本では、多くの

人々が研究者を信頼し、論文成果を科学の進歩だと見做しているように思う。しかし（中略）内容の判断は実質、読者の一人一人に任されている」。他方、「論文一本に値する最小成果単位をMinimum Publishable Unit（MPU）と呼ぶ。研究者の中には、新規性がありすぎると逆に査読を通らないから、論文は1MPUで書けという人すらいる」といいます（有田 2010）。こうした動向は、細かく切り分けられるという情報の特性に適っている面がある一方で、新規性を希薄化する、ないしはその認知を不可能にすることによって、情報としての価値を喪失するという事態だと捉えられるのではないでしょうか。情報と化した論文がそのことによって情報ですらなくなりつつあるわけです。すべての学問分野にひとしくあてはまるわけではありませんが、これを、長谷川氏の表現をもじって言えば、「論文の溶解」と呼べるかもしれません。

＊29　念のため確認しておきますと、研究書と教養書・一般書とは大きく異なるもので、両者を混ぜたような、あるいは両者の中間を狙ったような本は、まさしく中途半端で、読むに堪えないものであることが多いものです。しかし、そのことと、研究書の読者を「二回り、三回り」広く考えていくこととは違います。

＊30　長谷川氏はこうしたあり方を「人文書」というカテゴリーに即して、次のように書いています。「個別の「人文書」も、特定の専門分野を越えた訴求力をもつ必要があるという意味で「幅」をもつ。いうまでもなく、こうした「幅」とは、あらかじめ書物や原稿のなかに埋め込まれているわけではない。そこにはつねに、複数領域にまたがって相対的に幅広い関心を接合すべく、さまざまな形でエディターシップが発動されてきたことを見逃してはならない。モノグラフが本質的に専門研究者コミュニティ内へのインパブリッシュであることを志向するのにたいして、「人文書」では、インパブリッシュを核としながらも、専門コミュニティ外部へのアウトパブリッシュをも視野に入れて、インとアウトを両立させるべく努力されてきたといえるかもしれない。好意的に見れば、これは日本の出版の市場規模のなかで、本来ならば成立が困難なモノグラフ出版を可能にするためのひとつの方策と考えられなくもない」（長谷川 2003）。ただし、長谷川氏はこのことを、日本においてはモノグラフ出版を中心的に担ってきたのが「人文書」出版社であり（大学出版部もそこに含まれるという）、そのためモノグラフが「人文書」として出版されてきたという認識に基づいて、そのあり方を批判的に乗り越えようとする文脈で述べています。私は、同氏のこの書物から学んだと

ころが大きく、多くの点で認識を共有すると信じていますが、アメリカ合衆国を参照軸として「人文書」を日本に固有の現象だとする点のほか、本文で述べましたように、専門の「イン」と「アウト」をきれいに線引きできるかのような前提には反対で、そこから多少とも別の捉え方ができるのではないかと考えているわけです。

第1章　編集とは何か――挑発＝媒介と専門知の協同化

＊1　「つくり」の要素が大事でないというわけではまったくありませんし、そもそも「たて」や「とり」もそれを予想しつつ行うわけですから、本来三つは一体なのですが、「つくり」の部分は比較的可視化しやすいこともあり、これまでにもさまざまに語られてきていますので、ここでは省略します。

＊2　ある「哲学者」は、インターネットを「非有限性」をもったメディアであるとし、「検索」によってそれを利用することを、テレビや新聞や出版など既存のメディアと対比して称揚しています。「たとえば地上波テレビのチャンネルは数えるほどしかないし、各チャンネルは最大でも一日二四時間しか放送できない。新聞や雑誌は限られたページのなかで工夫して情報を伝えるしかない。編集の意義を高めているのもこうした有限性だ。しかしインターネットは有限性の制約を受けにくい。ウェブ上のページ容量はいくらでも増やすことができる。そうした非有限性のもとで力を発揮するのが検索という機能だ。／編集から検索へ。ここでもインターネットは既存メディアの価値の源泉を掘り崩してしまうのだ」（萱野 2015）。インターネットの情報容量が巨大であることは誰も否定しないでしょうが、しかし、この議論は、著者／制作者にせよ、読者／視聴者にせよ、無限ではない、つまり有限な身体と生命をもった人間がそこにいることを忘れているように思います。「ページ容量」を強調しながらも、たとえば研究書一冊分の長さの文章を書いたり読んだりするのが、そうした有限な人間ではないかのように（あるいは、そもそもそうすることには価値がないと）前提することによって、初めて論が成立していると言ってよいかもしれません。けれども、フィン・ブライトンが示唆するように、インターネットに不可避的にともなう「スパム」なものに満ちた日常とは反対に、自らの労力と時間をかけて、よく考えられ注意深く配された言葉を生み出すことを著者に促し、それをさらに磨き上げ

ることによって、自らの労力と時間をかけて読んでくれる読者への敬意を示すことこそ、検索ならぬ編集の役割なのではないでしょうか（ブライトン邦訳 2015）。それがプロの編集者の担ってきた、そして担っていくべき倫理であるように思います。

また、この「哲学者」が言うように、既存のメディアが「情報元とその受け手との間に大きな距離があることを前提に」両者を「媒介」することで発展してきたがゆえに、インターネットがその距離を「限りなく近づ」けたことは、「既存のメディアにとっては大きな脅威」となっているとしても、それはインターネットが「メディアを否定するメディア」であるから、ではないでしょう。インターネットはあくまで一定の特性をもったメディアであり、それが既存のメディアが担っていた機能の一部を代替し、そのことによって既存のメディアが従来のままの形では成り立ちにくくなっている（機能の一部が代替されることによって機能の束を生み出していた構造の変容が求められている）というのが実像でしょう。そもそも無媒介につながればすべてがうまくいくというわけではありませんし（ここで「集合知」の議論を持ち出しても同じ）、もちろんインターネットは無媒介ではなく且つそれではうまく担えない機能があり、メディアのあいだで新たな機能分担を含む関係構築が求められているのです。

なお、ついでに言えば、このかん起こってきたことは、よくいわれる「紙から電子へ」ではなく、「紙から、紙プラス電子へ」でしたし、紙の使い方が同じだとは限らないにせよそのパターンは変わらないものと考えます。ただし、こうした言い方がどれほどの意味をもつかは別問題です。この言い方では、たとえば、「電子」においては「紙」のみならず他のメディアに由来する要素との複合物が形成されることや（かつてのマルチメディア路線を称揚したいわけではありませんが）、そもそも「電子」が物質性において「紙」とは大きく異なるメディアであることなども見えにくくなるように思われます。そしておそらく後者のせいで、（さまざまな形をとるとはいえ）汎用コンピュータの物としての存在やその（機械の）製造・販売者の姿はもちろん、その中でプラットフォームを作成してその使用料や広告収入を得ている者の姿など（そうした行為が悪いと言っているわけではありません）が見えなくなるのでしょう。それは、本を夢中で読んでいるときに物としての本について意識しないように、メディアとして成功している状態であると言えますが、メディアについて批判的に考察すべき者までがそれを見ないとすれば、それは「裸の王様」の逆現象とでも呼ぶべきものではないでしょうか。

＊3　「知識のマネジメント」という言葉の方がわかりやすいかもしれませんが、どうしてもビジネスを連想させがちで、たとえ利益を出せとまでは言わないとしても、短期的な、目に見える結果を求めるニュアンスを感じる人もいるように思いますので、使わないでおきます。また、そうした連想を避けて「知識のガバナンス」という言葉で考えようとする人もいるかもしれませんが、マネジメントと同様、コントロールする者の存在が強く感じられるように思います。いずれも別の場面でならば有効性をもつ概念なのでしょうが、ここで述べたい点とはズレます。語感が文脈にはまりにくいように思ったので使っていませんが、長谷川一さんが『出版と知のメディア論』（2003）で提出されている「コト編み」という考え方が一番近いでしょう。なお、こうした場をメディアとして捉えられることについては、長谷川さんの議論に詳しいですが、この章の冒頭で引いた吉見先生の、大学をメディアの束として捉えるという考え方とも共通しています。

＊4　日本学術会議 2010 の第二部「学士課程の教養教育の在り方について」。

＊5　ちなみに、「徳」は「真であること」ないし「正しいこと」に権利上は従属しますが、実践的には、より前面に出ると言ってよいでしょう。

＊6　これは研究者のキャリアの捉え方の違いともなってあらわれてきます。ごく単純化して言えば、今日の多くの理系研究者であれば、論文がインパクトファクターの高い雑誌に掲載され、それによってより大きな（より多額の研究費を使う）研究プロジェクトを率いることができるようになることが、キャリアの展開と見なされますが、他方、多くの文系研究者であれば、自らの研究を書籍の形にまとめあげ、それを積み重ねることが、キャリアの展開と見なされますから、大型プロジェクトを率いることなどは重視されてきませんでした。

＊7　こうして見てきますと、ここで言っている「徳」の組み合わせには、トマス・クーンの「パラダイム」概念に近い部分があることがわかります。ただし、クーンは『科学革命の構造』（邦訳 1971）において、タイトルのごとく「革命」つまり通時的な「パラダイム・チェンジ」に光を当てたと考えられているため、「パラダイム」という概念の共時的な意味については、これまで十分認識されてこなかったように思います。いま述べていることは、この共時的な

意味の方に力点をおいて、「パラダイム」概念をもう一度考え直す試みだと言えるかもしれません。ちなみに、ピーター・ギャリソンの「トレーディング・ゾーン」という考え方は、こうした「パラダイム」間の共時的関係に光を当てたものと捉えることができるようです（山崎 2002）。

＊8　以下、この節の引用は、小林先生が中心的に執筆されたと思われる、前掲の日本学術会議 2010 の第二部「学士課程の教養教育の在り方について」から行っています。

＊9　総合大学ないし複数の学部を有する大学であれば、専門の異なる大学人どうしが場を共有することになりますから、本来ならば、そうした大学の内部でも、と言うべきであり、それが大学という組織のおもしろいところでありメリットだと思いますが、上で述べたように現状ではそのメリットが発揮されているようには見えません。

＊10　この点を別の懇談の席で話したときに、東京大学名誉教授の末廣昭先生から、英語圏における「知」のあり方の区別として intelligence, knowledge, wisdom の違いについて示唆を受けました。

＊11　上記の竹中さんは、「大学出版人の祖」として福澤諭吉を位置づけた論考の結びで、「大学出版、広く一般に出版は、「本を作る」こと、あるいは「本を作って売る」こと（だけ）ではないのです。福澤諭吉の営為が示すように、出版→パブリケーションは「人が人となる公共社会・公共世界を作る」ことである」と述べています（竹中 2015）。

＊12　現在は大学に限らずいわば「発信パラノイア」に罹った状況にありますが、少なくとも大学において広く「聴き」、深く「読み」、じっくりと「考え」たわけでもないことを、強迫的に「発信」していったいどうなるというのでしょうか。むしろ時間をかけた探究があってこそ、必要なときに「発言」できるのではないでしょうか。同様に、短期速成の博士論文執筆を若手研究者に強いることは、プラスの面がないわけではないにせよ、広がりや深まりをもった思考の土台を、時間をかけて形成することを困難にし、博士論文そのものに加え、その後に期待される新たな次なる研究の幅を狭くしているように見受けられます。これはモデルとされているアメリカにおいても、おそらく事情は同じでしょう。このことに関して、「言葉が自ずと溢れ出てくるまで読む」という、敬愛するイスラーム研究者の言葉が忘れられません。

＊13　「そこには、一方で他者の利害を、他方で自らの理念の利害を、ともに睨み合わせながら行動する実践的人間特有

のあの曖昧な陰影が漂っています」とは、京都大学名誉教授の中川久定先生が、一八世紀フランスの劇作家マリヴォーの『コロニー』という作品の或る登場人物について述べられた言葉です（中川 2002）。私は初めてこの一節を読んだとき、そこに、上記の後藤郁夫さんの顔を重ね合わせずにはいられませんでした。

第2章　企画とは何か――一つのケーススタディから

*1　一一年後の二〇一六年二月末現在では第二刷一九〇〇部ですが、それはこの本が二〇〇五年一二月にサントリー学芸賞を受賞し、著者がその後ますます活躍されたことにもよります。もちろん、発行時点では、（著者の活躍は期待していたものの）そうしたことまでは見通せませんでした。ここでは、以下で紹介する書籍を含めて、数字などの情報はすべて、元になった二〇〇五年八月の報告のままにしてあります。なお、この本は中国語訳（繁体字）と韓国語訳の出版が決まっています。

*2　「東アジアでは二十世紀の初頭にいたるまで、漢字による文語文が広く用いられていた。この広域の公用語について、二つの異なった反応がある。日本文化の一部分であったとする見方と、外来のものとして無視しようとする受け止め方だ。漢詩文についても同じである。立場が真っ向から対立しているように見えるが、国民国家の言語意識にもとづいている点では変わりはない。／本書はそうした対立から遠く離れて、漢字文化圏という外側の視点からこの問題に切り込んだ。それもテクストの内容ではなく、あくまでも〈文体〉という形式にこだわった。漢文の文化的な帰属性を無効にし、東アジアで共有された文字言語として捉え直した。／このような捉え方によって、十九世紀後半から二十世紀にかけて起きた漢文の変容とその意義を正しく把握することができた。これまで文学は無意識のうちに国家観念との親和性において語られてきた。明治中期に形成された言語感覚が過去にさかのぼって適応《ママ》された結果、近代初期に起きた言語変化の臨界現象を正しく認識することができなかった。十九世紀から二十世紀への変わり目に、漢文の仕組みはどのように変化し、また、近代文学の誕生とどのようなかかわりを持っていたのか。明治初期の政治小説とその中国語訳を中心に据えて見ると、これまでに知られていない一面が姿を現してきた。（以下略）」

＊3　「いまたとえば、日本の古典や古い文体として人がまず思い浮かべるのは、漢文よりもいわゆる古文、平安朝以前の和文の方ではないだろうか。その意味で、近現代の日本人が文章の「伝統」として取りだしたものは、第一に「和文脈」なのである。／だが、一九世紀までの東アジアには、東方のラテン語とも言うべき、古典中国語によってものを学び、書き記す共通の文化が広がっていた。この本は、漢文の世界に立脚した明治時代の政治小説や、清末の改革派知識人の言説をたどりながら、文学のあり方をめぐる思考が、国境を越えて混じりあっていたようすを明らかにしている。／この時代ののち、両国では別々の「近代」文学が主流を占めることになるが、それとは異なる筋道が、「漢文脈」から発してゆく可能性もありえたのではないか。この本の鮮明な叙述からは、そうした問いも浮かびあがってくる。」

＊4　その後、名古屋大学出版会の認知度が多少とも上がったためでしょうが、持ち込みやそれに近い企画や原稿の中で、優れたものに出会える機会が増え、それ自体はたいへんありがたいことながら、それにきちんと対応しつつも出版社として受け身にならないようにするという新たな課題も生じました。

第3章　審査とは何か——企画・原稿の「審査」をどう考えるか

＊1　ピアレヴューが、出版後の評価を含んだ概念であることは強調されるべきでしょう。以下に述べることは、書籍がさらにそれにとどまらず、出版後に社会的・歴史的価値をもつもの、言い換えれば、アカデミアにとどまらず、社会の中・歴史の中で評価されるべきものであり、そのために、出版前に編集者が何をすべきか・何をすべきではないかということです。

＊2　さらに言えば、ピアレヴューは、科学ジャーナルの場合、インパクト・ファクターと一体となって機能しているわけですが、これは二重に専門家集団の内部へと「閉じた」構造をもたらすと考えられます。よく知られているようにインパクト・ファクターは、トムソン・ロイター社が毎年計算している科学ジャーナルに関する指標で、そのジャーナルに掲載された論文が過去二年間に Web of Science の収録雑誌において引用された数の平均値によってあらわされ

ます。つまり、そのジャーナルが専門家集団の内部でどの程度引用されているかを示すものです。しかし、インパクト・ファクターはもとより、被引用回数という考え方も、書籍には適用されていませんので――社会へと開かれ歴史の中で評価されるべき要素をもつ書籍のあり方からすれば当然のことですが――、ここでは、議論をいたずらに複雑にしないために、ピアレヴューで代表させることにします。

＊3　箕輪さんは、このことを日本における編集者の「御用聞き」的なあり方と結びつけてやや否定的に評価しておられますが、たんなる「御用聞き」になるかどうかは、本質的には、上述したように、出版の可否の判断を編集者と出版社が自ら担いつづけるかどうかにかかっています（「御用聞き」は定義上、「御用」を断りません）。そして、「御用聞き」にならない場合には、箕輪さんが、大学出版部によるゲートキーピング機能を実質的に委ねているように見える（東京）大学教員の威信にも、最終的な出版の可否の判断を委ねないことを意味します。

＊4　学会誌でも編集委員会からの依頼論文ないし招待論文は査読の対象としないことが一般的ですが、だからといって、クオリティの保証という問題を免れているわけではありません。それが通用しているのは、（論文のタイプを別とすれば）後で述べるような、依頼前の「事前審査」が機能しているからだと考えられます。

第4章　助成とは何か――出版助成の効用と心得

＊1　この冊子は法政大学出版局の平川俊彦さんと東京大学出版会の竹中英俊さん（所属はいずれも当時）が中心になってまとめたもので、編集者にとってもたいへん有益です。発行時点で大学出版部協会加盟の出版部に一定部数が配布されています。

＊2　ここでは「書籍」という言葉を、上述の報告書より広い意味で使っています。第6節を参照。

＊3　ただし、わずかな圧縮では、製作コストの大きな引き下げにはなりません。また、一度原稿が出来上がっているものの場合、その時点までの編集コスト（手間ヒマ）に加えて、圧縮した原稿をあらためて読んで不備を指摘するなど、新たな編集コスト（手間ヒマ）がかかりますから、実際には、製作コストのダウンを打ち消すことになります。初刷

部数を増やすことができなければ、おそらく見合わないでしょう。

＊4 「必ず買ってもらえると予想される読者」の数に見合う初刷部数のところで、この循環は止まるでしょうが、そこまで負のスパイラルを描いていくことが多いでしょう。

＊5 言うまでもなく、「助成があるから売れなくてもよい」という考えは根本的な間違いです。

＊6 出版社にとって、「より高い価格×より少ない部数」と「より低い価格×より多い部数」が、採算のための計算上（したがって在庫管理費用なども計算に入れた上で）同等である場合には、「より低い価格×より多い部数」で刊行した方が、社会への普及を促すことができるわけですから、学術書出版の使命に合致します。しかし残念ながら、両者のリスクは同等であるとは見なされず、しばしば、リスクがより少ないと考えられる「（より高い価格×）より少ない部数」の方が選択されます。このリスクをどう見積もるかは、最終的には経営上の判断となるべき点で、一概にこうだとは言えませんが、後述するように、出版助成にはリスクを軽減する効果があるため、「より低い価格×より多い部数」の選択を促す可能性があります。

＊7 たとえ「専門書」であっても、「書籍」として、より「開かれた」ものとなることは望ましく、他の「書籍」と一緒に市販される以上、あらかじめ「必ず買ってもらえると予想される読者」に読者の範囲を限定してしまわない方がよいのです。このことは、上述した「社会における評価」「歴史における評価」という視点をふまえれば明らかでしょう。それはまた、編集者の（エディターシップはもちろん）モチベーションにも関わってくるはずです。第5、6節も参照。

＊8 どれくらい価格を抑えられるかは、各出版社の価格設定方針によりますが、ある程度安くなることは間違いないでしょう。そして、価格弾力性の議論は、安くする方向でも同様ですから、プラスアルファの読者数は増えるでしょう。かりに初刷部数を増やさない場合でも、実際の販売部数が増えれば出版社にとってのメリットはきわめて大きいはずです。

なお、助成申請図書の価格決定にあたって注意すべき点は、初刷では出版助成が得られることになっても、第二刷以降は得られないということです。したがって、助成が得られるからといって、極端に価格を下げることなく、あらかじめ、増刷が可能な価格設定をしておく必要があります。

また、助成申請図書の価格決定にあたっては、科研費出版助成のように、助成申請額が価格と連動している場合がありますから、こうした点も含めて考えていかなければなりません。

＊9　後述するように学術書出版は大きな経済的リスクにはなじみませんが、一定の範囲で市場に接していることは学術に社会の声を吸収する装置として有効だと考えられます。出版助成という制度は、学術書出版が、市場に接していることに由来する経済的リスクを一定程度緩和することによって学問の自立性を支えるとともに、それが一定程度であることによって、つまりそれを超える範囲は市場に接することを余儀なくすることによって、学問の自立性と社会の声とをバランスさせる装置となっていると言えるのです。さらに、学術書出版は、こうした出版助成を利用すべきときには利用し、そうでないときには利用しないことによって、もう一段階つよく社会の声を反映することになると言えるでしょう。総じて、学術書出版が出版助成を利用することは、学術と社会を交わらせるという、その本来の役割に沿ったもので、出版助成はそうした学術書出版の役割を巧みに支えるものとしてあるのです。

＊10　上述したところから理解されるように、出版助成は本来、プロのエディターシップに基づく出版活動に対して行われるべきものであり、そのための諸費用の中にこれまで印刷・製本費が含まれ、それが主たる助成対象項目となってきたと捉えるのがよいと思います。今後さらに進むと予想される「書籍（学術書）」の出版形態の変容とそれに対応した出版助成のあり方を考えていくためには、この点をしっかりとおさえて、社会的な理解を求め、助成団体等に働きかけていく必要があるでしょう。

＊11　この点は、出版助成の必要性がグレーゾーンにある企画に関して、特に有効でしょう。グレーゾーンにある場合、通常、著者は出版助成を申請すること自体には、特に理由のない限り、反対しないことが多いからです。

また、各種の出版助成を不採択になった後であれば、（高価格などの方法によって）出版を進めることになった場合でも、初刷印税免除の条件でスムーズに話を進められます。

もちろん、著者とあらかじめ印税についての条件をきちんと相談しておくに越したことはありませんが、さまざまな事情により、それが簡単ではない場合もある以上、質の高い学術書出版を実現していくための方便として、考えておかざるをえないのです。

＊12　学術書出版の場合、特に規模の小さな出版社の場合、たとえば大手出版社の新書についてよく語られるように、多くの点数を出す中で、いくつかベストセラーが出ればよい、といった戦略（一種の確率的なリスク・ヘッジ戦略）をとりにくく、書籍一点ごとにしっかりと「採算」をとっていかなければ、たちまち経営状態が悪化します。

＊13　この考え方をおし進めると、かなりの市販性を見込める企画にまで、リスク軽減のため、出版助成を申請するという戦略が生まれてきそうです。しかし、やはりこの点については、学術的な公共性の一端を担う学術出版社としての節度をもってあたるべきで、助成出版は市販性の小さいものに限定もしくは優先すべきでしょう。実際に助成制度としても、「市販性の少なさ」を明示的に（ないしは暗黙の前提として）定めていることが普通で、具体的には一〇〇〇部以下のものが多く、一五〇〇部を超えるものは採択されない可能性が高いと思われます。その意味では、一〇〇〇部を超え一五〇〇部まであたりが、出版助成申請の適否のグレーゾーンと言えるかもしれません。

＊14　もちろん、そうしたコメントの中にも、「ないものねだり」や暴論としか思えないものが混じっていることがありますが、そうした意見でも、受け取り方次第で、プラスに転じることができる場合もあります。他方、残念ながら、いいコメントでも、出版期限との関係で、十分生かせないこともあり、これは、助成団体の側に出版期限について工夫していただきたいところです。

なお近年、若手研究者の支援などを目的に、博士論文などの出版助成制度が大学に設けられていることがありますが、それ自体としては望ましいことながら、制度設計に問題を抱えているケースが見られます。特に課程博士論文は研究途上のものであることが多いため、そうとう優れたものであっても、価値ある書籍として公刊するためには、まだ大幅に加筆修正する必要があるのが普通です。ですから、その刊行を助成する制度としては、学位取得直後の論文ではなく、出版用に書き直したもの――主観的にそうしたというだけでなく、実際に学術書出版社の編集者の目をくぐったもの――に対して助成するような形をとるべきです。そのためには、助成決定からの刊行期間を当該年度内ではなく数年間は認める形にするとか、助成の仮決定をしておいた上で本決定は出版用原稿が完成したと出版社が認めた年度にするなどの方法が考えられるでしょう。時間は、充実した学術書の出版にとってきわめて重要な要素であり、それに関わる設計次第で助成制度が良いものにもなれば悪いものにもなりますので、この点、強調しておきたいと思います。たしかに若手研究者の方は、安定したポストを得られていない場合は特に、早期の刊行を望む傾向があり、現下の状況ではその心情はよくわかります（そしてその状況自体は若手研究者に責任があるわけではありません）が、それでも研究成果は公共的なものであり、中途半端な業績が公刊された場合には、学術にとってデメリットが大きいことが理解されねばなりません。しかも、昨今のように、大量の課程博士論文が公開・公刊されている中では、優れた著作しか評価されませんから、公刊したからといって直ちにポストに結びつくわけでもなく、むしろ中途半端な著作ではかえってマイナスであることも多いでしょう。第1章でも申しましたように、若手研究者の置かれた状況は改善されるべきだと考えますが、それと並行して、博士論文をあわただしく公刊する形の助成制度のあり方はぜひ改めていただくようお願いしたいものです。

*15　著者による買い上げは、それによって部数を増やすことができなければ、「採算」に関して、印刷・製本費等の原価に対する直接的な助成ほど大きな効果はありませんが、それでも投下資金の早期回収、したがってまたリスク軽減の効果などがそれなりに期待できます。

*16　著者が印刷・製本費のかなりの部分（ないし全部）を負担する場合でも、それは企画・編集から広告・営業・在庫管理にかかる費用、人件費を含むランニング・コストの対応分等を考慮した、その出版物にかかるコスト全体の一部を負担しているにすぎず、残りは出版社が負担しています。これを「共同出資」と見ればよいという意見もありますが、「出版助成」のカテゴリーで捉える方が適切だと考えます。「共同出資者」なら、それ相応の対応が求められるという論理になりかねないからです。つまり、初刷においては著者に直接的な経済的利益をもたらさない以上、間接的な利益を期待され、それを考慮した行動を義務としてとらざるをえない（それを優先する場面が生じる）ことになるからです。言うまでもなく、その出版が著者のためにもなることを編集者はつねに願っていますが、それとは明確に区別されねばなりません。

*17　そのためにも、まずは外部の団体の出版助成に申請を試みるのがよいでしょう。すべて不採択になってしまった場合、著者は多少とも「申し訳なさ」を感じてくれることが多いからです。もちろん、上述のように、編集者としては、

その出版企画に対する（助成団体による可否の判断とは独立した）自らの価値判断をもとに、著者を励ますべきですが、そうした著者の気持ちを、クオリティの高い出版物の実現に結びつけていく「ずるさ」をもつことは、編集者にとって重要なことです。一般に、編集者は質の高い出版の実現のために交渉力を身につけていくことが必要なのです。

＊18 科研費出版助成の場合、申請の除外規定に「出版社の企画によるもの（は対象外）」というものがありますが、この制度は、そもそもわれわれにとって最も重要な編集者のエディターシップを考慮しない形でつくられていて、申請書類などもそのような形式になっています。したがってこの除外規定も、同様に書類形式上の事項として捉えておけばよいでしょう。大事なのは、あくまで優れた研究（の芽）を、プロのエディターシップによって、優れた成果にもたらし、優れた出版物として世に問うことです。

＊19 念のため付け加えますと、制約のない出版などはありえませんし、むしろ出版はさまざまな制約を利用することで成り立っているとも言えるでしょう。出版助成は、知にとって、外在的な制約を通常よりも緩和することによって、一般書では実現しがたい知的なクオリティを、ただし一定の制約のある出版物として実現するもので、絶妙なバランスを達成するものなのです。

＊20 編集者が研究者から出版の相談を受けるとき、研究者によっては最初から、出版助成を用意するから（あるいはそれが採択されたら）出版を引き受けてほしい、という形で話をしてこられる場合があります。その場合、出版社（編集者）の側としては、まずは出版企画ないし原稿の内容の吟味、その後で、内容が優れていて且つ助成が必要な場合には出版助成の相談、というのが物事の順序であることを、研究者にははっきりと伝え、理解を求めることが望ましいでしょう。およその話を聞いた段階で、出版助成を得なければ刊行が困難であることが予想されるケースも多いでしょうが、出版企画ないし原稿の内容を十分吟味しないうちに、出版助成について、少なくともつっこんだ相談をすることは避けた方がよいと思います。内容の吟味をとばした、「出版助成→出版」という短絡した回路が形成されやすく、それを続ければ、出版物の質が下がっていくことが確実だからです。もちろん、出版助成を申請できる可能性の感触くらいはつかんでおいた方が、出版企画や原稿を検討しやすいことも多いですし、吟味に時間（したがってコスト）をかけることもできるでしょうが（中間的な方策は、ある程度検討が進み、出版すべき価値があるとの見通しが

かなり得られた段階で、著者に一度打診をすることです）、その場合でも原則は、「まずは内容、それから助成」です。

＊21　ただし、わが国全体で見た場合、科研費出版助成は最も重要な基礎的制度ですし、他の出版助成制度はそれに対して補助的な位置を占めるもので、前者に置き換えられるものではありません。したがって、特に前者の長期的な発展にむけて、絶えざる働きかけが必要なのです。

ちなみに大学出版部協会では、二〇〇七年度からの科研費出版助成の大幅削減に対して、二〇〇八年六月に、制度の維持と発展を求める要望書を文部科学省と日本学術振興会に提出し（要望書の全文は『大学出版』七六号、二〇〇八年一一月や大学出版部協会のホームページに掲載されています。橘 2009 も参照）、また二〇一一年二月には、同助成の相見積り・競争入札方式の不適合性を指摘しその改善を求める要望書を日本学術振興会に提出しました。

＊22　それでも出版できないものが出てくるというところまでは否定しません。たとえば、その時々の出版社の経営状態にも左右される問題でしょう。

また、大学出版部の場合、母体大学との関係があり、その関係のあり方によっては、ぎりぎりの政治的判断が介在するケースがありうることも否定しません。ただし、それはあくまで「政治的」判断であり、「ぎりぎり」のものでなければならないでしょう。えてしてこの「ぎりぎり」のはずの範囲が拡大しがちですから、特に責任ある立場の者はつねに自ら戒めておく必要があります。

＊23　注12で述べたことと矛盾しているようですが、助成を得られる出版企画が存在することで、全体のリスクが低下していることに注意してください。助成に申請した出版企画がすべて不採択になれば事態は深刻ですが、まずはクオリティの高い出版企画を申請することによってそのような事態を防ぐ努力が肝要です。多くの出版助成の制度が一斉に縮小されるような状況も考えられますが、そうした状況については、ここでは立ち入りません。

＊24　すでに進展している、編集者や出版社の介在したインターネット上での publishing については、むしろ現在の書籍に準じて捉える方がよいと考えます。

＊25　「印刷刊行」が出版社との契約によって決まっており、その契約でインターネット上での公開を別途行うことが禁じられているような場合には、著者に「明らかな不利益」を生じさせる「やむを得ない事由がある場合」として、大

学等の承認を得て、インターネット上での博士論文全文公開を、その事由がなくなる時まで差し控えることが認められています（それまでは、内容の要旨と審査結果の要旨のみを公開することになります）。言い換えれば、「印刷刊行」は学位規則上は例外的な位置づけとされているのです。もちろん、インターネット上で公開された博士論文を土台として、書籍を公刊することが禁じられているわけではありません。むしろ、そこから大きく質を高めた形で書籍化することは、一つのありうべき方向ではあるでしょう。しかし、論文の性格にもよりますが、それが書籍としての刊行を難しくすることは明らかでしょうし、また、博士論文段階のものと書籍段階のものとで読者の混乱を招くことにもなるでしょう。これは、何を最終形（定着形）として社会が受けとめていくのか、あるいはそうした最終形（定着形）といった考え方自体を放棄していくのか、という大きな問題にまでつながっている事柄です。

＊26 「パッケージ化」とは、ウェブ上を含む電子的な publishing――ただし編集者や出版社の介在した――を早くから見据えていた元東京電機大学出版局の植村八潮さんの表現です（植村 2010b。近年は、「コンテンツ系」と対比させて、電子辞書などを「パッケージ系」と呼んでいることが多いようですが）。明治学院大学の長谷川一さんが「綴じること」と表現しているのもこれに重ね合わせることができるでしょう（長谷川 2009）。この章で「書籍」と鍵括弧をつけて表現してきた部分は、こうした publishing のあり方も射程に入れておくためでした。

＊27 植村さんはこれを、出版社による「書籍」編集のプロセスを通した「信頼性」の創出として捉えています（植村 2010a）。それを介さない電子的な「自己出版」に対する同氏の批判については植村 2013a を参照。

＊28 ここには、いわばいったん「綴じる＝閉じる」ことによって「開かれる」という機制が働いています。

＊29 安藤先生はまた、科研費出版助成について、それが「良質の研究を支えるだけでなく、優れた出版社を育てている」とも述べています。

＊30 また、松本 2009b も参照。なお、私は、時間をかけることが必ずしも価値を生み出すとは考えませんが、インターネットに関する議論で呪文のように持ち出される「速度」や「自由」に対して、「時間」を言挙げしたくなる気持ちはよくわかります。

＊1　単一化できない（少なくとも一時的には）読者を想定せざるをえない本も当然生まれることになります。いや、地域という視点に限らなければ、むしろ、読者が単一化されないことの方が一般的だと言えるでしょう。注3でも述べますように、知識は全般的な普遍性からのズレをもとにして生まれると考えられるため、必ずそのズレを共有しない者たちが存在し、その者たちに向けて（も）「声」を発することになるからです。そして、「地方」性は他の境界（たとえばジェンダー。飯田2016を参照）とともに、（さまざまにあるズレのうち）ある特定のズレの根本的な要因として、存在しているというわけです。アカデミアの内と外もこうした境界の一つだと考えられますが、学術書は、アカデミアにとどまらない読者を志向し、広く社会の中で読まれ、歴史の中で評価されていくものとして、少なくともその（超え出ている）分だけは、「声」が読者の複数性に対応したものになっていなければならないでしょう。逆にそのことがまた、たとえば研究者が社会にも属する層をもつことを通じて、当該の専門領域の前進を促すことにつながる場合もあるはずです。

もちろん、これは予定調和的なプロセスではありません。「声」が必ず伝わるという保証はなく、むしろ無視や誤解や批判があるのは当然のことでしょう。しかし、それはコミュニケーションに必然的にともなうリスクであり、その意味で「声」は複数の読者へとおのおのきとともに差し出すしかないとも言えます。問題は、複数の読者グループがしばしば力において非対称的であり、力のあるグループが「普遍性」を自らのものとして主張しつづけ、そのことをまた力とするような構造があることでしょう。しかし、その場合でも普遍性の主張が用いられているということが重要です。それゆえに、それをもってすれば、そうした構造に抵抗したりそれを脱構築したりすることができる可能性が生まれるのであり、そのときに、読者グループがさらにその外側にも存在する（あるいは、読者が複数の層をもっている）ことが意味をもつと考えられます。そしてそうであるがゆえに、複数の読者へ向けて「声」を発することが大切になるとひとまず言えるわけです。

＊2　この点に関して、普遍性（ユニヴァーサルなもの）を遍在性（ユビキタスなもの）と混同してはならない（よく知

られている例として、ローマ字のキーボード配置のように、打鍵の頻度という観点からは合理性を欠いたものが、にもかかわらずグローバル・スタンダードとなって遍在性をもつことがありえます）ことはもちろんですが、さらに、普遍性という概念を、量的研究においてめざされる即時的な一般化可能性とだけ同一視する慣習を改める必要があります。名古屋大学の大谷尚教授が言われるように、質的研究における個性記述が意味をもつのは、そこにもう一つの普遍性、ないし普遍性の宿り方の異なった形があるからであり、それは比較可能性や（広義の）翻訳可能性に開かれていることを特徴としています（大谷 2008）。もし当面、比較や「翻訳」することすら難しい場合でも、何らかの関係可能性に開かれているということが重要でしょう（飯田 2016）。つまり孤立しているのではなく、接触や交渉へと開かれているということです。そうした個別の語りは、話者にとって辛いことである場合もあるでしょうが――ですから、それを強いることはけっしてできませんが――、それは読者や聴き手を挑発し、また応答へと誘うと考えられます（その応答についても、直ちにはできないとしても、たとえば「朗読」すること、すなわち、その言葉を反芻しつつ世の中を歩いて確かめてみるという行為は可能でしょう）。これは、個性的なものがそこに存在することの真理性としての／に基づく普遍性と言ってよいかもしれません。――ともあれ、ここで述べているのは、こうした普遍性をもった知が、即時的一般化可能性と比較可能性・翻訳可能性（さらには関係可能性）との、いずれのタイプにおいても、ひとたびは「地方」的でありうるということです。そして、前述した、開かれた書き方ないし「声」のあり方の差異も、それぞれのタイプの知が「地方」性と取り結ぶ関係の違いに応じて普遍化の仕方に違いが生まれることと（も）関連しています。

＊3　より正確に言うなら、知識の普遍性とは、理念型として捉えるべきものであって、全般的な普遍性が成立している状態を現実の中に求めるべきではないでしょう。むしろ、全般的な普遍性の要求が満たされていない状態を常態として、そこでの知識の活動のプロセスにこそ注目する必要があると思います。つまり、地方性や相対性は、特殊な状態ではなく一般的な状態であることになります。ミーゼスに倣って言えば（ミーゼスについてはカーズナー邦訳 2013 参照）、知識、とりわけ科学的知識の全体的な営みは、（『ヒューマン・アクション』で描かれた「プロセスとしての市場」のように）「分業の下で協業するさまざまなアクターの相互作用によって動かされるプロセス」なのであり、

そこでは全般的な普遍性からのズレないし歪みこそが知識を生み出すと考えられます。知識は全般的な普遍性を志向しますが、その一方で（あるいはそれゆえに）、そこからのズレが新たな知識を生み出すわけです。その意味でこのプロセスを普遍化へのプロセスと呼んでもけっして間違いではありません。しかし、誤解しないように気をつけなければならないのは、人間（の認識能力）が有限であるとともに、世界自体も変化するために、人間の知識は全般的な普遍性にはけっして到達できず、言い換えればつねにズレを抱えつづけるということです（そしてそれゆえに、個々の知識に関しても、究極的には普遍性をもちえないということです）。個々のズレはそれに対応する知識の普遍化によって解消していくと捉えられますが、この個々のプロセス自体、自動的には進まず「一筋縄ではいかない」ものですし、さらにつねに他のズレが生まれつづけますから、全体としてズレがなくなることはなく、全般的な普遍性は完成しません。ただし、全般的な普遍性が完成しないことをもって、知識の進化に前進ないし深化――その定義は難しいですが――を認めないということにはならないでしょう。それと同時に、新たな全体的文脈の中で、蓄積された知識が呼び起こされることがありうること、したがって継承の必要性も理解できるでしょう。いずれにせよ、このように、知識の活動とはあくまでプロセスなのであり、他方、それにもかかわらず、普遍性への要求なしに知識を考えることは困難なのです。

＊4　上記の足達さんは、「地方」国立大学の現在と未来について論じた最近の文章で、次のように述べています。私はこの文章はそのまま、「地方」（としての日本を含む）学術書出版社にもあてはまると思います。

「地域志向型の地方国立大学が「地域の歴史と名所の知識」を伝えるオペレーター（より正確にはスピーカー？）の養成所に徹するならば、たとえば次の二つの点がないがしろにされてしまうかもしれません。まず、地域文化は永遠に不動の何か、時間から切り離された、命のない標本ではありません。次に、地域文化のアイデンティティーは常に世界全体に対して閉ざされたものでなく、開かれています。／あらゆる文化的価値は、絶え間ない修正と発見によって常に上書きされ、アップデートされます。それを実行しうるのは、指示を待つ端末機械ではなく、多様な文化的因子の基本的知識を自らの課題に結びつけて理解した、そして主体性と責任をもって発言する勇敢な人だけです。（中略）たとえば、英国で文学教育を受けた人に太宰治の魅力を説明するとしましょう。太宰治の経歴や作品のあらすじを語ればいいでしょうか。しかしそれでは、説明される側とする側のどちらにとっても、太宰はエキゾチックな他者、死んだ標本のようなものです。それならば、太宰がシェイクスピア『ハムレット』を脱構築した「新ハムレット」を書いていることを紹介したらどうでしょうか。それらにはどのような共通点と相違点があり、太宰の文学の特質や津軽という地域との結び付きは、これこれこういうところに現れている、と理解することで太宰は「開かれる」にちがいありません。／地域志向型地方国立大学で育まれるべきなのは、「シェイクスピアと文学概論〈ではなく〉観光英語と地元名所の知識」ではなく、「シェイクスピアと文学概論〈および〉太宰治と日本文学の知識〈および〉観光英語で誰かが書いたテキストを読むことのできる発見力」ではないかと思います。観光英語で誰かが書いたテキストを読むオペレーターではなく、世界に開かれた地域文化の本質的魅力を自ら発見し、それを伝えていく方法そのものを発見することのできるクリエーターこそが必要ではないでしょうか」(足達 2016)。

＊5　この「スタイル」という言葉で、たとえば芸術的表現を念頭に置いていますが、私は『山下清と昭和の美術――「裸の大将」の神話を超えて』(服部正／藤原貞朗著 2014) の企画・編集の過程で、「めんどくさい」ないし「じゃまくさい」道を含むものとしての芸術ということを強く感じるようになりました。貼り絵でよく知られる山下清の作品は、彼が軽度の知的障がいをもっていたことから福祉との関わりの中で成立しています。そのため、彼の作品を芸術の範疇の外に置いてまともな評価の対象外とすることがこれまでしばしば行われ (たとえば小林秀雄)、そうした扱いに反発する者は、山下の作品を、作者の背景とは切り離して鑑賞すべきとしてきました。しかし、山下が福祉の利用者であったことは事実であり、山下の作品の成立にはそのことがどこまでもつきまとっているように思われるのです。それゆえ、そうした関係を、作品を鑑賞する際の「じゃま」になるものと考えるのではなく、むしろ、作品にまつわるその「じゃまくささ」「めんどくささ」を、いわば作品への不可欠の回路として (作品の一部として、と言ってもかまいません) つき合うことで、より深く出会えるものが、山下の作品であり、スタイルだと考えるのです。これは、山下の作品やスタイルを既成芸術に囲い込むこととも、福祉に囲い込むこととも異なる態度だと言えるでしょう。

あとがき

人は文字を書くのではなく、言葉を書くのだ、とは書家・石川九楊氏の言葉ですが、その伝でいけば、私もいつも、本を編集しようとしているのではなく、それぞれの著者の作品、いや、もっと具体的で、でもまだ完全には形になっていない知の塊——形にしなければ緊張状態が弛んでほどけていってしまうかもしれないもの——を世に出そうとしているのだと思います。ですから、それぞれの本の中身のことではなく、学術書とは何かとか、編集とは何かといったことについて話をするのがあまり好きではありません。ただ、その周りをぐるぐるとめぐって考えることはあり、他方で、序章でも述べたような出版をめぐる状況があり、その中で落ち着かない思いをしている人たちに、「ちゃんと読んで、ええ本つくろ。おたがいに」と言いたくなったのでした。いい本をつくっていたらそれだけでなんとかなるというのではありませんが、しかし、いい本をめぐる話もしなくなったら、それこそつまらないでしょう。なのに、そのことをすっ飛ばしたり、抑えつけるような言葉が平気で発せられることには危惧の念を覚えます。この本で述べた内容は、皆さん先刻ご承知のことばかりかもしれませんが、それでも語ってみることで、少しはお役に立つことがあるかもしれないと考えた次第です。とはいえ、仲間うちでうなづきあっているようなものは公にすべきでないと常日頃思っていますから、なるべく開いた言葉で語るように努めました。もしそうでない部分があるとすれば、まずは私の力不足によるものです。ただ、もう一つには、ふだん黒衣として行っていることを語る仕儀になるため、どうしても声の宛先が定まりにくいというか、複数化する部分があり（それゆえ、本文でお名前をあげた方々の敬称もあえて統一はしませんでした）、その点は致し方のないこととしてご理解いただければ幸いです。

そうした舞台裏のことをほとんど一方的に語らせていただいた齋藤希史先生（東京大学）はもちろんのこと、苦しいときに、その学識や探究心によって励ましてくださる著者の先生方には心より感謝いたします。最近も、ようやく出会えたと思える少し若い学究に触発されたばかりですが、そうした出会いがあれば、いくらでも元気が出てきます。元気と言えば、稲英史さん（東海大学出版部）、小松美加さん（東京大学出版会）、木村公子さん（武蔵野美術大学出版局）、前島康樹さん（慶應義塾大学出版会）はじめ、黒田拓也理事長（東京大学出版会）率いる大学出版部の仲間たちにはいつもそれをもらっていますが、大学にあって教師・研究者でもなく学生・院生でもなく役職員でもない存在が、しかも半分は外の世界へとせり出しながら、何者かであると思えるのは、こうした仲間たちとの交流があるからこそです。この本では大学出版部の関係者（ＯＢも含めて）の言葉をあちこちで引いていますが、それは大学出版の世界でなされている議論を紹介したいという思いもあってのことでした。それに、そもそも大半の章は、そこで機会を与えられて考えたり話したりしたことが元になっています。そうした機会を初めてつくっていただき、その後も、引っ込み思案な人間を引き回してくださった竹中英俊さん（元東京大学出版会）と山田秀樹さん（東京大学出版会）には感謝の言葉もありません。敬愛する編集者である竹中さんは、自社でいい本を出版することが一番の貢献だけれど、多くの学術書出版社がそうなって競い合えるようにしなければならないと言ってくださいました。山田さんは機関誌『大学出版』の巧みな編集を通して、木に登らせてくれました。また、本書をまとめるよう背中を押していただいた上村和馬さん（慶應義塾大学出版会）には最大限の感謝を。『カフカらしくないカフカ』（明星聖子著2014）など、「おもしろい本をつくろう」という気持ちに火をつけてくれる上村さんの編集者としての仕事ぶりを直接経験できることは人生の幸運以外の何ものでもありません。

その大学出版の世界に入るきっかけをつくってくださった中川久定先生（京都大学名誉教授）には、学問とは何か、何でありうるのかを教えていただきました。先生が昨年八四歳のご高齢にもかかわらずまとめあげられた八〇〇頁を超えるフランス語の研究書を前に、不肖の弟子はあらためての精進をお誓い申し上げるしかありません。そしてもう一人の恩師——生き方に悩んだまま大学を出てきた生意気な文学青年に、学術書出版の魂と、それによって生きていくことを、身をもって教えてくださった——後藤郁夫さん（元名古屋大学出版会専務理事・編集部長）には、本書を捧げたいと思います。後藤さんは、名編集者として日本の学術書出版・大学出版の歴史に目に見える以上の大きな足跡を残されました。この本で述べてきたことはすべて、その後藤さんの教えに発しているといっても過言ではありません。さらに、一人ひとりお名前をあげることはかないませんが、名古屋大学出版会での学術書出版の仕事を長らく支えてくださった／くださっている理事や評議員の先生方、そしてスタッフの皆さんにも心より感謝いたします。

最後に、私事ながら、本好きに育ててもらった両親と、本好きの妻、本をあまり読まない（？）娘と息子に、原稿ばかり読んでいていつも上の空で独りごとを言っていることを詫びるとともに、そうした人間でもよしとしてくれたことに感謝します。ありがとう。

二〇一六年四月三日

著者識

参考文献

足達薫 2016「「社会的要請の高い分野」とは何か——地域志向型大学の現在と未来」『大学出版』106 号

有田正規 2010「論文数はどれほど重要か——置き去りにされる質」『科学』80 巻 8 号

有田正規 2013「知識の 1 パーセント則」『科学』83 巻 1 号

有田正規 2015「科学はどこまでオープンにできるか」『情報管理』58 巻 5 号

有田正規 2016「デジタル副教材の社会的コスト——公的サービスとデジタル市場のギャップ」『情報管理』58 巻 10 号

アンダーソン、ベネディクト 1987『想像の共同体——ナショナリズムの起源と流行』白石隆／白石さや訳、リブロポート

安藤隆穂 2009「日本学士院賞と科研費出版助成」『大学出版』79 号

飯田祐子 2016『彼女たちの文学——語りにくさと読まれること』名古屋大学出版会

石井和夫 1988『大学出版の日々』東京大学出版会

稲賀繁美編 2000『異文化理解の倫理にむけて』名古屋大学出版会

植村八潮 2010a「デジタルアーカイブの動向と出版の役割」『大学出版』81 号

植村八潮 2010b「20 年後の出版をどう定義するか」高島利行ほか『電子書籍と出版——デジタル／ネットワーク化するメディア』ポット出版

植村八潮 2013a「電子書籍がもたらす出版・図書館・著作権の変化——現状分析と今後のあり方の検討」『情報管理』56 巻 7 号

植村八潮 2013b「電子書籍の市場動向と図書館」『現代の図書館』51 巻 4 号

上山隆大 2010『アカデミック・キャピタリズムを超えて——アメリカの大学と科学研究の現在』NTT 出版

宇田智子 2013『那覇の市場で古本屋——ひょっこり始めた〈ウララ〉の

日々』ボーダーインク
内沼晋太郎 2013『本の逆襲』朝日出版社
大谷尚 2008「質的研究とは何か――教育テクノロジー研究のいっそうの拡張をめざして」『教育システム情報学会誌』25巻3号
学術図書館研究委員会（SCREAL）2015「学術情報の利用に関する調査2014基本集計」http://www.screal.jp/2014/SCREAL2014_summary.pdf
カーズナー、イスラエル・M　2013『ルートヴィヒ・フォン・ミーゼス――生涯とその思想』尾近裕幸訳、春秋社
萱野稔人 2015「ネットが掘り崩す存在価値」『朝日新聞』12月2日付
金文京 1994「湯賓尹と明末の商業出版」荒井健編『中華文人の生活』平凡社
金文京 2002「明代萬暦年間の山人の活動」『東洋史研究』61巻2号
金文京 2008「東アジア近世知識人の一形態――いわゆる山人について」『東アジア文化交渉研究』別冊1、関西大学文化交渉学教育研究拠点
熊渕智行 2013「学術雑誌・電子ジャーナル購読の現状と課題」http://www.janul.jp/j/projects/si/seminar2012/seminar20130124k01k.pdf
クーン、トーマス 1971『科学革命の構造』中山茂訳、みすず書房
小林傳司 2004『誰が科学技術について考えるのか――コンセンサス会議という実験』名古屋大学出版会
小林傳司 2007『トランスサイエンスの時代――科学技術と社会をつなぐ』NTT出版
佐々木英昭編 1996『異文化への視線――新しい比較文学のために』名古屋大学出版会
佐藤郁哉／芳賀学／山田真茂留 2011『本を生みだす力――学術出版の組織アイデンティティ』新曜社
佐藤俊樹 1996『ノイマンの夢・近代の欲望――情報化社会を解体する』講談社
柴野京子 2009『書棚と平台――出版流通というメディア』弘文堂
ジャマーノ、ウィリアム 2012『ジャマーノ編集長　学術論文出版のすすめ』松井貴子訳、慶應義塾大学出版会
新城和博 2014『ぼくの沖縄〈復帰後〉史』ボーダーインク
鈴木哲也／高瀬桃子 2015『学術書を書く』京都大学学術出版会
スノー、C・P　1967『二つの文化と科学革命』松井巻之助訳、みすず書房

大学出版部協会 2001『助成出版のすすめ 2001 年版』大学出版部協会
大学出版部協会編集部会編 2012『本の作り方——大学出版部の編集技術』大学出版部協会
高木利弘 2015「『電子書籍ビジネス調査報告書 2015』を分析する——2014 年は 1411 億円（対前年比 39.3% 増）」『出版ニュース』9 月上旬号（2389 号）
竹中英俊 2015「福澤諭吉と出版業——「大学出版人の祖」として」『福澤諭吉年鑑』42
武村知子 2006「「文脈」の精彩——齋藤希史『漢文脈の近代——清末＝明治の文学圏』を読む」石川九楊責任編集『文字』終刊号、京都精華大学文字文明研究所（発行）／ミネルヴァ書房（発売）
橘宗吾 2009「科研費出版助成と学術出版——大学出版部を中心に」『大学出版』79 号
橘宗吾 2011「挑発＝媒介としての編集——学術書を生みだす力を考える」『大学出版』88 号
津野海太郎 2010『電子本をバカにするなかれ——書物史の第三の革命』国書刊行会
戸田山和久 2011『「科学的思考」のレッスン——学校で教えてくれないサイエンス』NHK 出版
長尾伸一 2015『複数世界の思想史』名古屋大学出版会
中川久定 2002『転倒の島——18 世紀フランス文学史の諸断面』岩波書店
名和小太郎 2002『学術情報と知的所有権——オーサシップの市場化と電子化』東京大学出版会
西垣通 2013『集合知とは何か——ネット時代の「知」のゆくえ』中央公論新社
日本学術会議 2010『回答　大学教育の分野別質保証の在り方について』
橋元博樹 2015「学術書市場の変化と電子書籍」『情報の科学と技術』65 巻 6 号
長谷川一 2003『出版と知のメディア論——エディターシップの歴史と再生』みすず書房
長谷川一 2009「〈書物〉の不自由さについて——〈カード〉の時代における人文知と物質性」『思想』1022 号
長谷川一 2010「「本ではない本」を発明する」池澤夏樹編『本は、これから』岩波書店

林智彦 2014a「「出版不況」は本当か？——書籍まわりのニュースは嘘が多すぎる」http://japan.cnet.com/sp/t_hayashi/35053097/
林智彦 2014b「「出版不況」再び——本・雑誌が売れないのは“活字離れ”のせい？」http://japan.cnet.com/sp/t_hayashi/35053789/
林智彦 2015「「活字離れ」論に最終決着？——電子書籍を含めれば「不読率」は激減している」http://japan.cnet.com/sp/t_hayashi/35061283/3/
林智彦 2016a「出版不況は終わった？——最新データを見てわかること」http://japan.cnet.com/sp/t_hayashi/35077597/
林智彦 2016b「電子書籍が「本物」になるための三つの条件」『ユリイカ 3月臨時増刊号』48巻4号（678号）
ハラヴェ、アレクサンダー 2009『ネット検索革命』田畑暁生訳、青土社
藤垣裕子 2003『専門知と公共性——科学技術社会論の構築へ向けて』東京大学出版会
フラー、スティーヴ 2009『ナレッジマネジメントの思想——知識生産と社会的認識論』永田晃也／遠藤温／篠﨑香織／綾部広則訳、新曜社
ブライトン、フィン 2015『スパム［spam］——インターネットのダークサイド』生貝直人／成原慧監修、松浦俊輔訳、河出書房新社
ベック、ウルリヒ 1998『危険社会——新しい近代への道』東廉／伊藤美登里訳、法政大学出版局
ペンローズ、エディス 2010『企業成長の理論［第3版］』日髙千景訳、ダイヤモンド社
ホウズ、G・R　1969『大学出版部——科学の発展のために』箕輪成男訳、東京大学出版会
ボック、デレック 2006『商業化する大学』宮田由紀夫訳、玉川大学出版部
前田塁 2010『紙の本が亡びるとき？』青土社
松本功 2009a「研究成果公開促進費の見積もりを出版社が出すこと」ひつじ書房ホームページ『房主の日誌』10月28日付　http://www.hituzi.co.jp/kotoba/20091028ns.html
松本功 2009b「人文学、社会科学の振興と科研費出版助成」『大学出版』79号
水村美苗 2008『日本語が亡びるとき——英語の世紀の中で』筑摩書房
箕輪成男 1982『情報としての出版』弓立社
文部科学省 科学技術・学術審議会 学術分科会 2009「人文学及び社会科学

の振興について（報告）――「対話」と「実証」を通じた文明基盤形成への道」
安冨歩 2010『経済学の船出――創発の海へ』NTT 出版
山口雅巳 2008「科学研究費補助金研究成果公開促進費「学術図書」に関する要望」『大学出版』76 号
山崎正勝 2002「パラダイム論から非相対主義的真理論へ――ピーター・ギャリソンのトレーディング・ゾーン概念によせて」『科学基礎論研究』30 巻 1 号
山下正 2013『複眼凝視――学術出版の可能性を追って』西田書店
山田秀樹 2014「学術書編集の技法――大学出版部の十年目に思う」『大学出版』100 号
吉見俊哉 2011『大学とは何か』岩波書店
レディングズ、ビル 2000『廃墟のなかの大学』青木健／斎藤信平訳、法政大学出版局
渡辺勲（W）1996「たて・とり・つくり」『UP』286 号
渡辺勲 1999a「岐路に立つ大学出版部――1998 年度アメリカ大学出版部協会（AAUP）総会に参加して」『大学出版』40 号
渡辺勲 1999b「大学出版部と母体大学との関係――続・岐路に立つ大学出版部」『大学出版』41 号

「特集　「学」と社会をつなぐ科研費出版助成」『大学出版』79 号（2009 年夏）
「特集　本を生みだす力」『大学出版』88 号（2011 年秋）
「特集　地方で出版社をするということ」『大学出版』104 号（2015 年秋）

初出一覧

＊全体にわたって加筆し、字句を整えました。

第 1 章

「大学出版の編集と学問のヴァーチュー」第 5 回友愛公共フォーラム「学びと学問のイノベーション」(報告、2011 年 3 月 6 日、於青山学院女子短期大学)

「挑発＝媒介としての編集——学術書を生みだす力を考える」『大学出版』88 号 (2011 年秋)

「大学出版の編集と学術書の信頼性」日本出版学会秋季大会 (特別講演、2011 年 11 月 5 日、於中京大学名古屋キャンパス)

第 2 章

「齋藤希史著『漢文脈の近代——清末＝明治の文学圏』の出版企画を中心に」大学出版部協会夏季研修会 編集部会・営業部会協働主催公開研修会「拡大編集企画ケーススタディ　編集・本作りのケーススタディ」(報告、2005 年 8 月 26 日、於福岡)

第 3 章

「大学出版の編集と学術書の信頼性」日本出版学会秋季大会 (特別講演、2011 年 11 月 5 日、於中京大学名古屋キャンパス)

「企画・原稿の「審査」をどう考えるか」大学出版部協会編集部会秋季研修会 (報告、2012 年 11 月 22 日、於霞ヶ関ビル)

第 4 章

「出版助成——その効用と心得」、大学出版部協会編集部会編『本の作り方——大学出版部の編集技術』(大学出版部協会、2012 年)

第 5 章

「日本の大学出版部にとって「地方」とは何か——沖縄の出版社との比

較で」大学出版部協会編集部会春季研修会（報告、2014年4月17日、於那覇）

「学術書の「地産地消」」『リア』32号（2014年8月）

「学術書の「地産地消」？——知の地方性と普遍性をめぐって」『大学出版』104号（2015年秋）

付録

「インタビュー　学問の面白さを読者へ——名古屋大学出版会・橘宗吾氏に聞く」（聞き手：東京大学出版会・山田秀樹氏）『大学出版』96号（2013年秋）

橘　宗吾（たちばな　そうご）
名古屋大学出版会　専務理事・編集部長。大学出版部協会　理事（中部地区担当）・編集部会副部会長。1963 年兵庫県加古川市生まれ。1989 年京都大学文学部フランス語・フランス文学科卒業。以後、一貫して名古屋大学出版会で学術書の編集に携わり、1997 年より編集部の責任者も務める。人文学・社会科学を中心に幅広い分野の書籍を手がけ、担当した書籍は、さまざまな学会賞のほか、日本学士院賞、大佛次郎賞、毎日出版文化賞、日経・経済図書文化賞、サントリー学芸賞、アジア・太平洋賞、大平正芳記念賞、角川源義賞、和辻哲郎文化賞、渋沢・クローデル賞、マルコ・ポーロ賞、ピーコ・デッラ・ミランドラ賞、レッシング翻訳賞、日本翻訳文化賞、同出版文化賞などを受賞。受賞数は 100 を超える。そのかん名古屋大学出版会も、1998 年の梓会出版文化賞特別賞のほか、2007 年に「学術分野での先駆的出版活動」が認められて中日文化賞を受賞した。

学術書の編集者

2016 年 7 月 30 日　初版第 1 刷発行

著　者――――橘 宗吾
発行者――――古屋正博
発行所――――慶應義塾大学出版会株式会社
〒108-8346　東京都港区三田 2-19-30
TEL〔編集部〕03-3451-0931
〔営業部〕03-3451-3584〈ご注文〉
〔　〃　〕03-3451-6926
FAX〔営業部〕03-3451-3122
振替　00190-8-155497
http://www.keio-up.co.jp/
装　丁――――耳塚有里
印刷・製本――株式会社理想社
カバー印刷――株式会社太平印刷社

Printed in Japan　ISBN 978-4-7664-2352-5

慶應義塾大学出版会

ジャマーノ編集長
学術論文出版のすすめ

ウィリアム・ジャマーノ 著／松井貴子 訳／原田範行 解題

コロンビア大学出版局の元編集長が、学術論文出版の基本的な知識や手続きを分かりやすくユーモアを交えて解説。論文の書き方から、出版社の選定方法等、本気で論文出版を考える学生から教授、出版関係者まで幅広く参考になる実用書。

A5判／並製／274頁
ISBN 978-4-7664-1939-9
◎ 3,800円　2012年4月刊行

◆主要目次◆

表示価格は刊行時の本体価格（税別）です。